AF220873

Burkhard Kirsch

Denkzeit

Gedanken zur eigenen
Lebensgestaltung

4. Auflage 2022

Einleitung

DENKZEIT ist der Versuch, eine Gemeinsamkeit im Miteinander des täglichen Lebens zu erreichen. Kommt doch das Denken bei allen Völkern in unterschiedlicher Weise vor. Wir denken immer, ohne darüber nachzudenken.

Worüber sich nicht alle Menschen Gedanken machen ist die Zeit. Allein das Bewusstsein dazu geht Vielen verloren. Schon der Gedanke, dass die Zeit, die vergangen ist, nie wieder kommt und auch nicht mehr veränderbar ist, hat selten in Diskussionen Platz. Deshalb gehört heute das ziel- und zeitbewusste Arbeiten zu einer Selbstverständlichkeit.

Ähnlich sieht es bei dem Thema Ethik aus. Hier haben sich durch die Jahrtausende Verhalten entwickelt und geprägt. Dabei spielt die Vorbildfunktion ein große Rolle. Nicht nur im Beruf sondern auch in der Familie. Und der Wille zu einem Dazulernen, wenn neue Wege eingeschlagen werden sollen. Es ist unvorstellbar anzunehmen, dass alle Menschen dieser Erde nach den gleichen Regeln leben könnten.

Burkhard Kirsch, Studium der Volkswirtschaft, Philosophie und Germanistik, war Geschäftsführer des Instituts für Kommunikation und Betriebsführung in Dielheim bei Heidelberg. Er beschreibt die Themen Denken, Zeit und Ethik aus seiner Erfahrung als Personalentwickler heraus bewusst sehr intensiv. Mit dieser Art der praxisbezogenen Darstellung animiert er seine Leser dazu, sich mit dem Text auseinander zu setzen.

Originalausgabe Oktober 2002

Überarbeitete Auflagen:
2. Auflage November 2007,
3. Auflage September 2014,
4. Auflage April 2022
Alle Rechte vorbehalten

© 2022 Burkhard Kirsch
Herstellung und Verlag:
BoD – Books on Demand, Norderstedt
ISBN 978-3-75-437485-6

Die Deutsche Nationalbibliothek verzeichnet diese Publikation in der
Deutschen Nationalbibliografie;

Inhaltverzeichnis

Denkmal
Gedanken rund ums Denken

Es ist nicht leicht sich vorzustellen, dass wir denken können, ohne zu merken, dass wir denken. Wir müssen uns ein Wesen vorstellen, das zwar denkt, aber nichts davon weiß, dass es denkt und das nicht merkt, dass es denkt. Das bedeutet nicht, dass wir Tag und Nacht, ob unbewusst oder bewusst, nur denken. Unbemerkt ist der richtige Ausdruck. Wie ergeht es mir, wenn ich einen Menschen zum ersten Mal sehe? In Bruchteilen von Sekunden fälle ich über ihn ein Urteil, indem ich unbewusst über ihn nachgedacht habe.

Was der Mensch denkt und empfindet, bestimmt sein Handeln, durch das er sein Leben und die Welt gestaltet. Die Folgen des Handelns sind Folgen des Denkens. Wie es uns und anderen ergeht, ist uns sehr wichtig. Oft vergessen wir, wie sehr so ein Zustand bereits in den Gedanken vorbereitet lag, die wir uns einmal gemacht haben. Der Mensch wird zum Beispiel darauf aufmerksam, dass Glück und Unglück im Denken beginnen, Kriege und Gewalt in den Köpfen von Menschen entstehen und erst dann grausame Wirklichkeit werden. Erfüllungen und Gelingen oft nur deshalb eintreten konnten, weil sie ursprünglich schon vorstellbar waren und solche Gedanken auch riskiert wurden. Erst dann wird die Wichtigkeit des Nachdenkens für das Leben deutlich. Denn in allem Nachdenken liegt bereits ein Vordenken für die Zukunft. Unsere Welt ist so eng wie es unser Denkvermögen ist. Für uns

Undenkbares können wir nur schwer begreifen, und Unvorstellbares können wir kaum mitgestalten. Der Reichtum unseres Erlebens und Erkennens, die Größe der Möglichkeiten, das Befriedigende unseres Lebens, alles das beginnt mit der Weite oder Enge unseres Denkens und mit dem Umfang dessen, was für uns vorstellbar ist. Das Unvorstellbare entzieht sich uns allzu leicht. Wo es das nicht tut, werden wir davon überrascht. Es ist schon eine lohnende und notwendige Aufgabe, viele Denkweisen einzunehmen. Wer gelernt hat, Ungewöhnliches klar zu erfassen, kann auf eine Zukunft mit vielen Möglichkeiten hoffen. Sonst ist die Gefahr groß, an sich selbst vorbei zu leben.

Indem wir mitdenken lernen und uns dabei vor dem öden Streit aller rechthaberischen Ansichten hüten, erweitern wir unsere Zukunftsaussichten und steigern unsere Möglichkeiten.

Wenn wir ein Stück der Gedankenwege der großen Philosophen wie Platon, Aristoteles, Plotin, Thomas von Aquin, Descartes, Kant, Nietzsche und Heidegger mitgehen lernen, werden wir geschulter für die Zukunft und lernen, unseren Erfahrungen besser zu begegnen. Denken zu können besiegt die Furcht vor dem Unbekannten und schließt uns für das Neue auf.

Wenn Platon das Denken als einen „Dialog der Seele mit sich selbst" bezeichnete, so meint er, dass das Denken ein Prozess des Fragens und Antwortens ist. Kant sagte, dass es den Weisen auszeichne zu wissen, welche Fragen man sinnvoll stellen sollte, und forderte eine Logik von Frage und Antwort. Wie steht es eigentlich um unser Denken? Denken gilt in der europäischen Geschichte als eine außergewöhnliche Fähigkeit des Menschen, um zu Wissen zu kommen. Die europäische Tradition hat das Denken von Sachverhalten als das Erkennen und die Bestimmung des Handelns durch das Denken als Wollen[1] formuliert. Und dieses Erkennen ist auf Wahrheit und das Handeln ist auf das Gute,[2] auf moralische und sittliche Grundwerte ausgerichtet. Denken kann allerdings auch anders gedacht werden und zum Beispiel auf Macht oder Nutzen orientiert sein.

Im alltäglichen Verständnis enthält es eine Vielzahl von ineinander greifenden Handlungen, wie an etwas denken (sich erinnern), denken, dass sich etwas so und so verhält (glauben, meinen), denken, etwas zu tun (eine Absicht haben), bedenken (etwas in einen Plan miteinbeziehen), sich in etwas hineindenken (sich etwas klar machen und es in seinem Zusammenhang zu verstehen versuchen), nachdenken (sich besinnen), etwas denken (Vorstellungen und Begriffe bilden), sich etwas so und so denken (reflektieren), etwas durchdenken (einen Zusammenhang schrittweise erfassen), weiter denken (Schlussfolgerungen für die Zukunft ziehen),

---

[1] Das Wollen ist die Zielrichtung eines bestimmten Denkens oder Handelns. Dem Wollen liegen bewusste Entscheidungen zugrunde, die durch den Willen bestimmt werden.

[2] In der Sprache der Philosophie kann man zwischen einer absoluten und einer relativen Bedeutung dieses Begriffs unterscheiden. Das Gute wird einmal als Eigenschaft eines Gegenstandes, Zustandes, Ereignisses, einer Handlung verstanden, die diesen an sich zukommt. Als gut wird auch noch bezeichnet, was gut zu oder für etwas anderes ist. Das Gute meint dann die funktionale Brauchbarkeit von Gegenständen, Tieren und Menschen zu einem bestimmten Zweck. Die von Aristoteles begründete praktische Philosophie behandelt das menschlich Gute als letzten Willen menschlichen Wollens und Tuns, das allein um seiner selbst erstrebt wird.

etwas überdenken (bereits Gedachtes überprüfen), sich etwas ausdenken (Alternativen entwerfen, erfinden). So ist es eben unsere menschliche Fähigkeit, Erkenntnis zu haben und darüber zu urteilen. Denken ist Handeln im Kopf. Verstehen heißt denken.

So einfach soll das sein? Etwas, was Menschen seit Jahrtausenden jeden Tag, jede Minute tun, ohne es meistens bewusst zu merken. Soll das alles sein? Mitdenken, nachdenken, durchdenken, vordenken, gedenken sind nur einige Begriffe, mit denen wir täglich zu tun haben. Etwa vergleichbare Leistungen werden auch von einigen Tieren erreicht. Manche können auch von Maschinen übernommen werden. (Computer, Rechner) In der Vielfalt ist jedoch nur der Mensch in der Lage dazu.

Die Denkpsychologie teilt unser Denken in vorsprachliches, bildhaft anschauliches und abstraktes Denken ein. In der ersten Denkstufe werden Sinneseindrücke und bereits erworbene Handlungsmuster, unter dem Druck der Bedürfnisse in einer ganz konkreten Situation, in einen Zusammenhang gebracht. Diese vorsprachliche Art des Denkens wies Wolfgang Köhler, ein amerikanisch-deutscher Psychologe, mit seinem bekannten Schimpansen-Experiment nach: die Tiere mussten Kisten übereinander stapeln und Stöcke zusammen bringen, damit sie dann an eine Banane herankamen. Allein Schimpansen haben 90 Prozent des genetischen Aufbaus wie wir Menschen. Die Anatomie ihres Gehirns und des zentralen Nervensystems gleicht dem unsrigen. Tiere haben ein ausgeprägtes Erinnerungssystem. Sie erinnern sich an Orte, an Klänge, an Gerüche und sie erinnern sich mit ihrem Feingefühl an Freundschaften. [3]

Das bildhaft-anschauliche Denken löst sich vom direkten Handlungsablauf und benutzt konkrete Vorstellungen (Bilder, Geräusche, Gerüche usw.) als Denkelemente, um diese mit einander zu verknüpfen. Erst durch das symbolhafte, abstrakte Denken wird unser Denken wirtschaftlich und wirkungsvoll. Mit der Verwendung von Symbolen, Begriffen, Formeln usw., die der Mensch erlernt hat und selbst verarbeiten kann, ist das abstrakte Denken sehr beweglich. Es kann mehrere Lösungswege schnell durchspielen und kommt auf diese Weise zu neuen und weiterführenden Ergebnissen. Zum Beispiel kann durch eine abstrakte und symbolhafte Information die Bildung von Gruppen, Klassen, Katego-

---

[3] Der Tierforscher und Psychologe Duane Rumbaugh von der Georgia State University konnte in seinem Experiment für die NASA beweisen, dass zwei Rhesusaffen nach drei Monaten Lernen Computerspiele mit dem Joystick beherrschten.

rien und Regeln dargestellt werden. Bei allen drei Arten unseres Denkens werden die Richtungen jeweils durch Ziele bestimmt. Denken erlaubt, Etwas als Etwas zu sehen, Wahrgenommenem Bedeutung und/oder Sinn zu geben, über den man sich unabhängig von weiterem Wahrgenommenen mit anderen verständigen kann, um dann in Dialoge, Diskurse und Argumentationen einzutreten.

Denken kann sich selbst zum Gegenstand machen und sich Spielregeln geben, nach denen es zielgerecht zu Ergebnissen kommen kann. Die dann aus dem Denken zu begründenden Entscheidungen können für ein bestimmtes Handeln genutzt werden.

„Denkste" ist ein oft gehörter Ausspruch, der der Schadenfreude entspringt. Dabei steckt doch mehr dahinter, als nur schadenfroh zu spötteln. Ist es nicht auch der geheime Vorwurf, bei anderen an deren Denken zu zweifeln? Und was bringt uns Menschen eigentlich zum Denken? Was passiert eigentlich in unserem Kopf?

Grundgedanken dazu:

Die Gesamtheit des Denkens bezieht alles ein,
in dem Denken in Denkbereichen geschieht,
das durch Denkgrundsätze,
die als Logik bezeichnet werden, geregelt wird.

Aus dem Denken,
in dem viele Gedanken enthalten sind,
entstehen Ideen, die Bilder sind,
die sich der Geist von einer Sache macht.

Ich denke etwas. Weiß ich auch,
ob der andere das gleiche denkt?
In der Annahme, dass ich das glaube,
entstehen Fehler in der Kommunikation miteinander.

Erst im logischen Sinn des Zustimmens
und/oder Ablehnens entsteht dann unser Urteil
von der gedachten Sache.
Mit einer bestimmten Einstellung
und der Kraft meines Willens
setze ich meine Gedanken in Sprache um.

Denken ist das innerliche Beschäftigen mit eigenen Vorstellungen, mit Begriffen, Erwartungen, Erinnerungen usw., mit dem Ziel, zu einer bestimmten Urteilsfähigkeit zu kommen. Dabei kommt es ständig zu neuen An- und Einsichten, zu Umgruppierungen vieler Denkvorgänge, die dann feste Formen annehmen, die wir Gedanken nennen. Wie und was ein Mensch denkt, hängt von der Entwicklung seiner Persönlichkeit, und zusätzlich auch noch von seiner Stimmung ab. Die Gesamtheit unseres Denkens besteht aus *Denkbereichen*, in denen jeweils Speicher enthalten sind. Im einzelnen Denkbereich geht das Suchen im Speicher des Wissens und der Erinnerungen vor sich. Der Geist erlebt ein ständiges Auf und Ab zwischen dem Suchen nach Vorstellungen und dem Erinnern an Vergessenes. An dieser Stelle prägt sich die Intensität des Denkbereichs. Sie hängt von der Stärke der einzelnen Inhalte ab. So könnte für eine Führungskraft im Zentrum des Denkens die Fürsorge für ihre Mitarbeiter stehen. Ein Friseur, der gerade die Haare wäscht, denkt an einen Wettbewerb. Ein Autofahrer, der auf dem Weg nach München ist, denkt an seine Geburtstagsfeier. Die Grundtendenz des einzelnen Denkbereichs bleibt im allgemeinen konstant, Inhalt und Umfang ändern sich dabei ständig.

Die Gesamtheit unseres Denkens

Das Denken

↓

entsteht in Denkbereichen
mit Denkgrundsätzen = Logik.

↓

Es entstehen Bilder von einer Sache
die Gedanken werden.

↓

Mit Urteilen darüber
drücken wir uns durch die Sprache aus.

↓

Unsere Wahrnehmungen und Vorstellungen
davon bewahren wir über den Tag hinaus
in unserem Gedächtnis auf.

↓

Und wir übernehmen dafür die Verantwortung

Denkgrundsätze sind Spielregeln, nach denen sich unser Denken vollzieht. Wir sprechen hier von der bekannten Logik, der Wissenschaft vom Denken in Begriffen. Vater davon war Aristoteles, ein griechischer Philosoph (384 - 322 v. Chr.). Er war der erste, der gesehen hat, dass auch der Geist eine ganz bestimmte Struktur besitzt, die aus Elementen und Grundfunktionen besteht. In seiner Logik zeigt sich, wie die Erfahrungswelt in ihrer Vielfalt aufgenommen und in das Konkrete eingeordnet wird. Durch diese Logik wird die Steigerung durch die bewusste formale Exaktheit und Sachlichkeit des Denkens erreicht, um daraus Bilder einer Sache entstehen zu lassen.

Gedanken sind dann die Folge unseres Denkens, die wir zu einem Urteil nutzen. Das Ergebnis kann bejahend, verneinend, positiv oder negativ sein und wechselt sehr schnell hin und her. Hat sich unser Urteil gefestigt, setzen wir es mit der Kraft unseres Denkens in Sprache um. Hier entscheidet es sich wesentlich, mit welcher positiven Einstellung, Intensität, Kraft und Willen wir diese Sprache anderen vermitteln, und welche geistige Wirkung daraus entsteht.

Gedanken prägen unsere Haltung. Mit guten Gedanken geht es uns gut, negative Gedanken verändern unsere innere Einstellung. Wie einer ist, so handelt er auch. Es ist nicht notwendig, der Umwelt meine innere Einstellung durch Worte mitzuteilen; die Menschen "erspüren" sie auch so. Je intensiver mein Denken, desto größer ist die Chance, dass sich meine Gedanken verwirklichen. Freude und Begeisterung sind starke Gedanken, welche zu positiven Ergebnissen führen. Ein positives, freudiges Denken hat einen physikalischen Hintergrund: es sind Energien, die im Leben des betreffenden Menschen sicher zu positiven Resultaten führen. Gedanken der Angst können auch energiegeladen sein. Sie haben die Tendenz, sich genauso zu verwirklichen.

Warum die Gedanken eine solche Wirkung auf uns haben, erklärte *Johannes Cassianus*, Theologe und Mönch (360 - 435), der bedeutendste Autor im frühen abendländischen Mönchtum. Er hatte die Vorstellung, dass die Gedanken den Geist des Menschen in das verwandeln, was sie ihm anbieten. Der Inhalt der Gedanken bestimmt die Qualität des menschlichen Geistes und entscheidet darüber, ob sich ein Mensch positiv oder negativ entwickelt. Wenn der Geist kein Ziel hat, auf das er zusteuert, dann fallen alle möglichen Gedanken auf ihn ein. Er ist dem ausgeliefert, was auf ihn von außen einströmt. Er wird von außen gesteuert. Er lebt nicht selbst, sondern wird von außen gelebt. Der Geist wird immer etwas denken. Wenn wir ihm nichts vorgeben, was er denken soll, dann wird er sich mit dem beschäftigen, was sich ihm anbietet. Das ist so vielfältig und verschieden. Er hat keinen Punkt mehr, von dem aus er die äußeren Einflüsse sichtet und beurteilt, sondern er wird von dem gesteuert und beherrscht, was er zu sehen bekommt.

Cassianus ist daher der Auffassung, dass der Geist sich notwendig in das verwandelt, womit er sich beschäftigt. Dieser Wirkung kann er sich nicht entziehen. In seiner Entscheidung liegt es allein auszuwählen, womit er sich beschäftigen will. Daher ist die Auswahl der Gedanken, die auf uns einströmen, eine der Hauptaufgaben unseres Lebens. Wir dürfen nicht klagen, dass es uns schlecht geht, dass wir depressiven Stimmungen nachhängen und voller Angst sind, wenn wir uns ständig Sätze vorsagen wie: „Das schaffe ich nie, ich habe keine Lust, ich habe Angst." Solche Sätze bewirken in uns Angst und schlechte Laune und setzen diese Stimmung in uns erst fest.

Auch das ausschließliche Erfolgsdenken ist der Versuch, ein menschliches bezogenes Denken gar nicht wieder aufkommen zu lassen. Versucht nämlich der Mensch den Sinn seines Daseins allein im materiellen Erfolg zu finden, dann ist er nicht mehr bei sich, sondern ausgeliefert an eine Welt, die entweder nur als ursächliches Bestimmungsfeld oder als Gegenstand der Ausbeutung angesehen wird. Die also keinen eigenen Sinn mehr kennt und in die er sich hoffnungslos verliert.

Konzentration auf den Wohlstand heißt Verbesserung des Wohlstands. Konzentration auf die Gesundheit heißt Stärkung der Gesundheit. Konzentration auf den Frieden heißt Stärkung des Friedens. Allerdings: Konzentration auf unsere Schwächen bedeutet Verstärkung von Schwächen und Konzentration auf Krankheit bedeutet Entwicklung von Krankheit.

Schon 1911 schrieb *Frances Hodgson Burnett* in ihrem Kinderbuch „Der geheimnisvolle Garten": „Menschen haben im letzten Jahrhundert entdeckt, dass Gedanken so stark sind wie Elektrizität. Sie sind für den einen so gut wie Sonnenlicht und für den anderen so schädlich wie Gift. Traurige oder schlechte Gedanken, die einen nicht loslassen, sind genauso gefährlich wie eine ansteckende Krankheit. Wenn solche Gedanken in dir bleiben, wirst du nie wieder davon loskommen." Gedanken je nach Intensität werden in unserem Gedächtnis abgelegt, um vielleicht später wieder hervorgeholt zu werden. Und William Shakespeare schrieb in seinem Hamlet: An sich ist nichts weder gut noch böse. Das Denken macht es erst dazu!

Unser Gedächtnis hat die Fähigkeit, Wahrnehmungen und Vorstellungen über den Zeitpunkt des Entstehens und Erlebens hinaus aufzubewahren. Bildlich gesprochen ist es auch ein Aufbewahrungsort, ein Speicherplatz unserer Gedanken. Sehr groß ist die Abhängigkeit des Behaltens von der Stärke der Aufmerksamkeit, des Interesses und das Wissen um die Bedingungen, die ich einer Sache gebe. Der unendliche Bereich der Wirkung gesammelter Erfahrungen gehört ebenso dazu.

„Das Gedächtnis denkt an das Gedachte. Das Gedächtnis ist die Versammlung des Denkens an das, was überall im voraus schon bedacht sein möchte," diskutierte *Heidegger* in seinen Vorlesungen im Wintersemester 1951/52 mit seinen Studenten in Freiburg. Und John Locke (1632 – 1704) schrieb: "Die Bedeutung des Gedächtnisses ist sehr groß. Da, wo es fehlt, sind unsere übrigen Fähigkeiten größtenteils nutzlos. In unseren Gedanken, Schlussfolgerungen und Erkenntnissen könnten wir nicht über die gegenwärtigen Objekte ohne den Beistand unseres Gedächtnisses hinauskommen." Was aber ist unser Gedächtnis wirklich? Ein Informationsspeicher, der sich in das Ultrakurzgedächtnis (maximal 20 Sekunden), in das Kurzzeitgedächtnis (1-2 Stunden) und in das Langzeitgedächtnis (dauerhafte Speicherung) aufteilt. Aber auch die „Art" des Einprägens kann von Bedeutung sein: Der auditive Typ behält Gehörtes besser, der optische Typ dagegen Gesehenes und der motorische Typ erinnert sich besser an Bewegungserlebnisse. Unbewusst übernehmen wir mit dem Gedächtnis auch die Verantwortung für die darin enthaltenen Gedanken.

Denn Denken heißt auch *Verantwortung* für das Gedachte zu tragen. Nie zuvor hat der Mensch soviel technisch-wissenschaftliche Verfügungsmacht über die nichtmenschliche und auch über die menschliche Natur gehabt wie heute. Er hat die Möglichkeit, regional und global seine eigene Art und alles Leben grundlegend verändern, zu schädigen oder sogar zu vernichten. Zum ersten Mal ist der Mensch in seiner Geschichte vor die Aufgabe gestellt, solidarische Verantwortung für die Auswirkungen seines Handelns in größtem und damit weltweitem Maße zu übernehmen. Viel wichtiger jedoch als die Frage, wann ein Mensch für verantwortlich erklärt wird, und wann er sich selbst dafür verantwortlich fühlt. Verantwortlich für Folgen von Handlungen, Aufgaben, Mitmenschen, Umwelt, Werte, im weitesten Sinne auch für die Menschheit, die Natur, die Geschichte. Außerdem verantwortlich vor Gott, dem Gewissen, der praktischen Vernunft, vor der Gesellschaft und der Zukunft. Es ist ein Bewusstsein der Freiheit jedes Einzelnen. Sie besteht darin, dass ich selbstverantwortlich handeln kann. Dies alles gilt grundlegend auch für unser Denken, das sich im Denken verselbstständigt und sich als denkendes weiter entwickelt.

Aus welchen Elementen besteht eigentlich die Verantwortung? Mit den folgenden Fragen lässt sich eine Antwort finden:

wovor soll ich mich verantworten,
wer trägt die Verantwortung,
wann übernehme ich Verantwortung,
für *was* soll Verantwortung übernommen werden,
weswegen soll ich Verantwortung tragen
und für *wen* trage ich Verantwortung?

Daraus entwickeln sich drei grundlegende Arten der Verantwortung: die soziale, die religiöse und die Selbstverantwortung.

Die Selbstverantwortung übernehme ich für mich jeden Morgen, in dem ich durch positives Denken zu einer positiven Einstellung komme. Die ersten Gedanken, die man beim Aufstehen hat, beeinflussen den ganzen Tag. Es ist daher sehr wichtig, mit positiven Gedanken aufzustehen, die mich in eine gute Stimmung bringen. Wenn ich mich dagegen schon frühmorgens ärgere, dass ich wieder aufstehen muss, weil das Wetter schlecht ist, oder wenn ich voll Missmut an die schwierige Besprechung denke, die mich heute erwartet, bin ich für den ganzen Tag in einer schlechten Verfassung. Diese negativen Gedanken rauben meine Energie, sie lassen mich den Tag mit einer dunklen Brille anschauen. Negative Gedanken können ja auch Einbildungen sein, die Negatives in uns bewirken. Positive Gedanken sollten sich mit ganz bestimmten Handlungen unseres Tages verbinden. Wir binden sie an die Tätigkeiten, die wir sowieso tun werden. Von der Verhaltenspsychologie wissen wir, dass wir unser Verhalten ändern und Vorsätze durchhalten können. Es liegt nur an unserem Willen, verbunden mit dem positiven Denken. Und so führen diese beiden Eigenschaften, Wille und positives Denken, uns zu Gelassenheit und Ruhe. Mit einem Programm, das wir uns aufstellen, lässt sich das in kleinen Schritten üben. In diesem Zusammenhang sollten wir die Wirkung der Sprache auf den Menschen intensiver untersuchen.

Wir sprechen vom Zauber der Sprache: Vermutlich wäre die Sprache nicht entstanden, hätten unsere Ahnen nicht geglaubt, dass den Wörtern magische Kräfte innewohnen. Auch heute würde die Mehrzahl aller Wörter auf Erden nicht gesprochen, wenn nicht die Mehrzahl aller Menschen diesen Glauben teilen würde. Dass die Sprache primär den Zweck hat, zu informieren, ist eine Unterstellung von Laien, Informationstheoretikern und Journalisten. Nein: das Wort kommt von den Göttern, sagte damals schon Sokrates, prägt die Menschen und verzaubert die Sache. So sehen es alle, die Gebete sprechen, und jeder, der nur einmal „Toi, toi ‚toi!" oder „Hals- und Beinbruch" rief, sieht es im Grund auch. Daher sind Sprichwörter weit mehr als Information.

Genauso wichtig wie der Tagesanfang ist der Abend, das Einschlafen mit positiven Gedanken. Die positiven Gedanken wirken im Schlaf weiter. Die Gedanken, mit denen wir einschlafen, entscheiden mit darüber, welche Träume wir haben. Das Unbewusste lenkt unsere Gedanken während der Nacht. Auf jeden Fall werden wir mit einer negativen Einstellung aufwachen, wenn wir abends unseren Ärger nicht losgelassen, sondern ihn bewusst mit in den Schlaf genommen haben. Wichtig ist, wie wir unseren Tag beschließen. Ein kurzer Rückblick auf den Tag, auf die positiven Ereignisse, genügt.

Auch die Fähigkeit, loslassen zu können, ist ein bedeutender Erfolgsfaktor. Denken wir dabei an Meister Eckhart, den wohl größten Mystiker aller Zeiten aus dem christlichen Kulturkreis. Er hat sich zu diesem Thema geäußert: „Durch die Bindung an unser eigenes Ich stehen wir uns selbst im Wege und können nicht Frucht tragen, uns selbst nicht voll verwirklichen." Meister Eckhart hat dies so um das Jahr 1300 gesagt, mehr als 700 Jahre, bevor im Management das menschliche Potenzial entdeckt wurde. Aber 8 von 10 Führungskräften sind heute noch nicht auf dem Stand des Jahres 1300. Sie machen genau das Gegenteil der Empfehlung von Meister Eckhart. Sie halten am eigenen kleinen ICH fest und kämpfen wie die Löwen und merken nicht, dass sie sich "selbst im Wege stehen".

Etwas zum Nachdenken

Jeder Mensch sollte bei sich selbst
mit einer Änderung beginnen.
Die Einmischung in die Angelegenheiten
anderer Menschen gehört nicht zu seinen Aufgaben.

Jeder Mensch verfügt über seinen freien Willen;
er kann denken was er will. Er kann sein Denken
jederzeit ändern und dadurch seine Zukunft verändern.

Das Potenzial jedes Menschen hat seine Grenzen.
Er sollte dieses Potenzial einsetzen,
wenn er seine Probleme lösen
und seine Ziele schneller erreichen will.
Alles ist Schwingung und Energie.
So ist fast alles veränderbar.

Die Welt ist das, was ich von ihr denke.
Mit meinem Denken kann ich vieles verändern.

Wir sollten uns vom Entweder-oder-Denken befreien
und zum Sowohl-als-auch-Denken übergehen.
Voraussetzung dafür ist unsere Fähigkeit,
die selbst auferlegten Schranken
unserer bisherigen Glaubenssysteme abzubauen.

Das als Denken erlebte Denken, das sowohl Intelligenz als auch Kreativität umfasst, ist nur als multifunktioneller Vorgang zu erklären, wobei die Art und die Anzahl der Funktionen, die zusammenwirken, unterschiedlich gesehen werden müssen. Die Forschung ist noch weit entfernt, die Komplexität täglicher Denkprozesse wissenschaftlich erklären zu können.

André Heller

Die wahren Abenteuer sind im Kopf,
und sind sie nicht im Kopf,
dann sind sie nirgendwo.

Die wahren Abenteuer sind im Kopf,
in deinem Kopf,
und sind sie nicht in deinem Kopf,
dann suche sie.

Soweit André Heller. Was passiert aber, wenn das, worüber wir uns bisher in diesem Buch Gedanken gemacht und viel Denkkapazität eingesetzt haben, nicht so verläuft, wie wir uns dies vorgestellt und gedacht haben? Vorstellungen sind auch Erwartungen. Meistens, mit voller Hoffnung, erwarten wir etwas von einem anderen Menschen und sind dann enttäuscht, wenn das nicht eintritt, was wir vom anderen erwartet und gedacht haben. Wir erwarten etwas, weil wir glauben zu wissen, das derjenige das weiß und kann. Wir erwarten etwas einfach aufgrund eines Gespräches, das ein Fortschritt zu dem „Glaubenwissen" ist, und trotzdem klappt es nicht. Meistens wird in Gesprächen vergessen zu fragen oder die richtigen Fragen zu stellen. Gerade durch Fragen erhalte ich viele Informationen, und ich erfahre vor allen Dingen die Einstellungen meines Gegenüber zu bestimmten Themen des täglichen Lebens. Wenn das alles nicht so verläuft, wie ich es mir vorgestellt habe, sind Enttäuschungen vorprogrammiert. Beschäftigen wir uns im folgenden mit den Begriffen Erwartungen und Enttäuschungen.

Jeder Mensch hat jeden Tag *Erwartungen*, die nicht immer von großer Bedeutung sein müssen. Ich erwarte meine tägliche Zeitung voller Spannung am Morgen und warte dabei, ob der Zeitungsträger sie vielleicht wieder pünktlich zur gleichen Zeit bringt. Im Erwarten steckt auch das Warten. Ich setze etwas als ganz selbstverständlich voraus in meinen Erwartungen. Ich rechne einfach damit. Wobei hier schon ein Denkfehler in der Form entsteht, ob es überhaupt zulässig ist, etwas als selbstverständlich vorauszusetzen oder damit zu rechnen. Besser wäre es schon anzunehmen, dass etwas passiert, oder es zu vermuten und zu hoffen. Mit den drei Begriffen der Annahme, des Vermutens und Hoffens setze ich mich nicht unter die berühmte Erwartungshaltung, die unter Umständen Vorfreude, Vorgefühle und Glücksgefühle bei mir hervorrufen kann und dann bei den Enttäuschungen landet. Realistisch gesehen sollte bei uns der bekannte Erwartungshorizont Einzug halten, indem sich meine Erwartungen an der betroffenen Sache oder an dem betroffenen Menschen orientieren. Mit dem Erwartungshorizont setze ich mir selbst Grenzen für bestimmte Erwartungen.

Enttäuschungen, die in Unzufriedenheit münden, sind die Ursache von nicht erfüllten Hoffnungen und Erwartungen. Mit anderen, aber auch mit mir selbst bin ich unzufrieden, weil nicht das eingetreten ist, mit dem ich gerechnet und erwartet habe. Durch einen Misserfolg bin ich niedergeschlagen, durch eine Enttäuschung kann ich ratlos, mutlos und traurig sein. Durch nicht erfüllte Erwartungen kann ein falscher Eindruck entstehen. In dem Wort Enttäuschungen stecken auch Täuschungen. Jemand hat mir absichtlich einen falschen Eindruck vermittelt, mich hat jemand irregeführt.

Je nach Veranlagung und Bedeutung können wir Enttäuschungen, Gedanken auch *vergessen*, ohne sie in unserem Gedächtnis abzuspeichern. Vergessen ist ein Vorgang, durch den Wahrgenommenes oder Gelerntes nicht mehr oder nur unvollständig wieder gegeben wird. Hermann Ebbinghaus hat sich 1895 als Erster mit dem Vergessen beschäftigt. Mit seiner inzwischen bekannten Vergessenskurve konnte er nachweisen, dass wir einmal Gelesenes nach 30 Tagen vergessen, wenn wir uns damit nie wieder beschäftigen und auseinandersetzen. Dagegen tritt ein hoher Wiederbehaltenswert ein, wenn Informationen zu verschiedenen Zeitabständen innerhalb dieser Zeit von dreißig Tagen erneut gelesen werden. Sie werden damit zum Gelernten, was wiederum in unserem Gedächtnis haften bleibt. Das Schwinden des Wiederherstellens unserer Gedanken hängt entscheidend von der Länge der Zeit ab, in der Wiederholungen stattfinden. Beispiel: Ein Gedicht wird auswendig gelernt und nie wieder wiederholt. Nach einem halben Jahr ist dieses völlig vergessen.

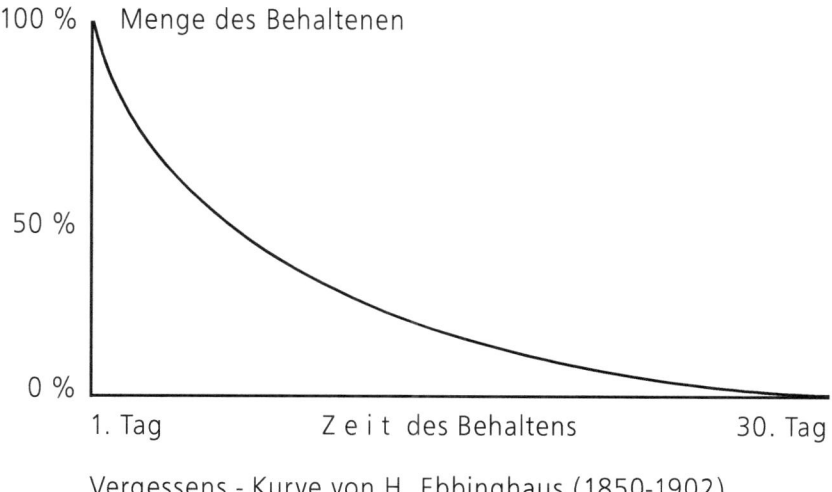

Vergessens - Kurve von H. Ebbinghaus (1850-1902)

Keine noch so große Kraft an unser Erinnerungsvermögen könnte das Gedicht in unser Bewusstsein zurückrufen, höchstens
einzelne Bruchstücke. Würden wir das Gedicht jetzt erneut lernen, dann zeigt sich, obwohl wir glaubten, alles fast vergessen zu
haben, dass dieses Gedicht in uns eine neue kraftvolle Wirkung
entfaltet. Das Auswendiglernen wird weniger Zeit in Anspruch
nehmen als beim ersten Mal. Und mit ständigen Wiederholungen
würden wir das Gedicht fest in unserem Gedächtnis verankern.

In der Zwischenzeit hat sich nach den Forschungen von Ebbinghaus vieles verändert. Nach neuesten Erkenntnissen der Hirnfor-
schung und damit des Gedächtnisses und des Vergessens spei-
chern wir emotionale Ereignisse in unserem Gedächtnis ab, die
wir jederzeit immer wieder neu interpretieren. Je nachdem wie

wir uns jetzt gerade fühlen oder in welcher Situation wir sind. Denken, Gedächtnis und Vergessen sind die zentralen Eigenschaften unseres menschlichen Daseins. Der Verstand und das Bewusstsein gehören allerdings auch dazu. Unser Verstand hat die Fähigkeit zu verstehen, sinnliche oder gedankliche Inhalte in unser Denken aufzunehmen. Weiter zu entwickeln oder zu beurteilen, um darüber nachzudenken. Er bildet Begriffe und Urteile und zieht damit logische Schlüsse. Er ist seit Kant der feste Begriff für eine besondere Art menschlicher Erkenntnisleistungen. Aus dem Lateinischen „ratio" gleich Verstand lässt sich das hauptsächlich begriffliche Erkennen im Gegensatz zu gefühlsmäßiger Aufnahme von Daten, die methodisch aufgebaut sein können, als schrittweises Denken ableiten. Der Verstand ist die zweckmäßige Quelle, theoretische und praktische Probleme zu lösen, indem er analysiert, verallgemeinert, ordnet, begründet und erklärt. Der Verstand ist auf diese Weise nicht nur ein geeignetes, sondern gewissermaßen auch ein unentbehrliches, lebensnotwendiges Erkenntnismittel. Er hilft, einen Gefühlsmangel des Menschen auszugleichen.

Als ein wesentlicher Teil unseres Denkens wird der *Bewusstseinsbegriff* 1719 von *Christian Wolff*, von dem Kant schrieb, er sei der Urheber des Geistes der Gründlichkeit in diesen Schreibweisen im Deutschen angewandt: Bewusst sein, Bewusstsein und bewusst Sein. René Descartes, ein französischer Philosoph prägte den Satz "Ich denke, also bin ich". In ähnlicher Richtung dachte David Hume. In seiner Grundbedeutung wird Bewusstsein als Vorstellen von Gegenständen verstanden, die in unserem täglichen Denken vorkommen. Menschen haben ein Bewusstsein, das klar oder eingetrübt sein kann und das sich auch verlieren lässt. Einmal, dass unser Selbstbewusstsein durch verschiedene Einflüsse Schaden nehmen kann, aber auch durch körperliche Verletzungen. Zum Beispiel bei einem Autounfall, bei dem der Fahrer sein Bewusstsein vorübergehend verlor.

Zusammenfassung

Meine Gedanken gestalten meine Realität.

Alles, was ich bin, ist das Ergebnis dessen,
was ich gedacht habe.
Es liegt in meinen Gedanken begründet,
und es ist auf meinen Gedanken aufgebaut.

Wenn ich das Denken nicht beherrsche,
beherrscht das Denken mich.
Gedanken, die ich nicht loswerde,
werden mein Los.

Ich akzeptiere die Welt wie sie ist
und die Menschen so wie sie sind.

Ich weiß, dass es Zufälle gibt;
deshalb mache ich nicht andere oder das Schicksal
für meine Probleme verantwortlich.

Ich warte nicht, bis jemand meine Probleme löst.
Ich weiß, dass ich selbst jeden Tag
dazu sehr viel beitragen kann.

Ich betrachte das menschliche Potenzial als erweiterbar.

Ich weiß jedoch, dass jeder Mensch
für sein eigenes Leben verantwortlich ist.
Jeder hat das Recht auf seinen eigenen Weg.
Deshalb verurteile ich andere Menschen nicht.

Ich weiß, dass ich weder die Welt
noch andere Menschen verändern kann oder muss,
sondern nur mich selbst.

Natürlich ließen sich noch weitere Ausführungen zum Thema Denken machen, die vielleicht ins Unendliche führen könnten. Dem Leser soll es daher überlassen sein, weiter zu denken. Denn mit unserem Denken kommen wir zu Wissen. Dadurch verstehen wir andere Menschen besser und kommen durch die Erkenntnis zu unseren Erfahrungen, die durch nichts zu ersetzen sind.

Gedanken zur Zeit

gestern, heute und morgen

Ich habe keine Zeit, um dieses oder jenes zu tun. Wenn ich nur wüsste, wo die Zeit geblieben ist. Diese Woche ist vorbei gegangen, und ich weiß nicht, was ich überhaupt geschafft habe. Ich habe soviel zu tun, kann aber nicht sagen, wie und wann ich das fertig bringen soll.

Diese und ähnliche Gedanken gehen jedem von uns ab und zu, manchmal auch ständig, durch den Kopf. Und es scheint keine Patentlösung für unser Zeitproblem zu geben. Scheinbar. Dabei steht uns doch seit unserer Geburt soviel Zeit zur Verfügung. Nutzen wir sie denn eigentlich sinnvoll?

In einem philosophisch-historischen Rückblick über Jahrtausende soll deutlich werden, dass auch schon früher Menschen über das nachdachten, was uns heute so beschäftigt. Wir aber glauben, es sei nur eine moderne Erscheinung. Anregungen zum Nach- und Umdenken sollen mit diesem Beitrag ermuntern, dass es mit eigenem Willen gar nicht so schwer ist, richtig mit der Zeit umzugehen.

Was ist eigentlich Zeit heute? Sie ist uns das Vertrauteste und zugleich das Fremdeste: „Wenn niemand mich danach fragt, weiß ich's, will ich's aber einem Fremden erklären, weiß ich's nicht", sagte schon Augustinus. Worin besteht nun die Wirklichkeit der Zeit? Hat die Zeit eine Wirklichkeit unabhängig von etwas anderem, das sich verändert? Oder ist Zeit ein Teil der Natur, das Ereignisse unter dem Gesichtspunkt des Erst und Dann, des Vorher, des Nachher und des Zugleich ordnet, was aber schon den Begriff der Zeit voraussetzt? Richten wir doch unseren Blick auf diese Begriffe, wenn wir der Zeit Eigenschaften zuschreiben. Etwa wenn wir von dem Vergehen der Zeit, vom Zeitpfeil, der in eine Richtung fliegt, von der Messbarkeit der Zeit sprechen. Oder ist die Zeit, wie Einstein es meinte, am Ende gar eine Illusion? Und selbst wenn wir die Zeit für eine Illusion erklären, ist es auch gar nicht so einfach, die Merkmale der Zeit, wie wir sie aus unserer Welt kennen, abzuändern.

Zeit ist die vom menschlichen Bewusstsein innerlich wahr genommene Form der Veränderung: des Entstehens, Werdens, Fließens, Vergehens in der Welt. Zeit gibt es, weil das Bewusstsein im Inneren und in der Außenwelt ständig Veränderungen wahrnimmt. Die „objektive", an körperlichen Veränderungen oder an den Wegstrecken der Himmelskörper gemessene Zeit ist zu unterscheiden von der „subjektiven" Zeit. Sie beruht auf dem erlebten Zeitbewusstsein, das von Erlebnisinhalten abhängig ist. Es ist hauptsächlich das Gefühl etwas zu tun, zu verändern und zu erleben.

Die Redewendung: „Dazu habe ich keine Zeit" bedeutet: Ich bin voll gepackt mit Terminen und anderen Vereinbarungen, die ich allein nicht mehr überblicken kann.

Zeit ist mehr als Geld. Einen 100 Euro-Schein zu verlieren ist harmlos. Jederzeit kann ich einen „Kredit" dafür bei einer Bank bekommen und habe mein Geld wieder. Eine Stunde Zeit sinnlos vergeuden ist unwiederbringlich. Woran liegt es also? Einzig und allein an der Unfähigkeit, mit der Zeit umzugehen. Wie lässt sich das in den Griff bekommen? Das ist so einfach wie nur irgend etwas auf dieser Welt. Indem ich, wahrscheinlich zum ersten Mal in meinem Leben, mir Gedanken mache, was ich überhaupt jeden Tag mit meiner Zeit anfange. Wie ich jeden Tag sinnvoll verbringen könnte.

Du hast nur einmal Zeit.
Jetzt!

Bei einer Analyse meiner Zeiterfahrung bekomme ich mehr Verständnis von Freiheit und Unfreiheit. Zukunft, Gegenwart, Vergangenheit sind deshalb natürliche Zeitbegriffe. Dabei ist es auch natürlich, dass mit zunehmendem Alter des Menschen die noch kommenden Gelegenheiten ihm immer weniger Spielraum lassen, etwas zu tun. Sie sind immer mehr von den Auswirkungen vergangener Ereignisse besetzt. So wird auch davon gesprochen, dass der Mensch seine Vergangenheit mit sich herum trägt. Deshalb wird die Zukunft immer mehr von Vergangenem erfüllt. Wie gern und oft plaudern ältere Mitbürger von der guten alten Zeit, was sie damals alles erlebt hatten. Mit der heutigen Zeit kommen sie oft nicht mehr mit. Dabei war es in ihrer Jugend genau so. Auch seinerzeit schwärmten die Alten von der Vergangenheit. Ein Leben allerdings, dessen Zukunft nur noch aus Vergangenem besteht, ist ein Leben ohne Zukunft.

Eine große Rolle, wie Augustinus betont hat, spielt die Zeit im Dasein eines Menschen, in der er Vergangenes, Gegenwärtiges und Zukünftiges erlebt. Um sie als eine Voraussetzung seines Lebens zu betrachten. Für Augustinus ist die Zeit mit der Welt erst von deren Anbeginn an da und dauert bis ans „Ende" der Welt. Die moderne Physik lehrt, dass es eine objektive Zeit nicht gibt. Die so genannte „historische Zeit" umfasst etwa 9000 Jahre, die prähistorische einige Hunderttausende, die geologische einige Milliarden, die kosmische ist nur als unendlich denkbar.

Die *Babylonier* beschäftigten sich schon im 3. Jahrtausend v. Chr. mit der Zeit, lange bevor griechische und römische Philosophen darüber nachdachten. Mit der Wissenschaft im sumerischen - babylonischen - Kulturraum entstand die babylonische Mathematik und Astronomie, die damals schon unseren heutigen Vorstellungen von Lehre und Forschung entsprach. Aus der genauen Beobachtung von Gestirnen, vor allem von Mond und Planeten, begann die hoch entwickelte babylonische Astronomie.

Sie beschreibt den Anfang, das Ende und den Ablauf einer Zeit aus dem Verlauf der Gestirne.

Vor über 5.000 Jahren konnten also schon die Babylonier die Zeit berechnen und machten sich darüber ihre Gedanken. Und was tun wir heute? Wir rechnen nur damit, das alles schon gut gehen wird, ohne irgend einen Gedanken an das Wie, Wann, Wo usw. zu verlieren. Wir leben in den Tag hinein. Aristoteles, der durch sein Denken bis auf den heutigen Tag unsere Kultur wesentlich mitgeprägt hat, wusste schon, dass nur Menschen, die Ziele im Leben haben, weiterkommen. Auch weiterkommen im Umgang mit der Zeit. Was können wir von Aristoteles lernen? Zu einem guten, glücklichen oder geglückten Leben gehört es, dass ich mir Ziele setze, dass ich mir etwas vornehme, was ich in einer bestimmten Zeit erreichen will. Vorausgesetzt die Umstände sind realistisch. Ein anderer griechischer Philosoph, Platon, dachte ähnlich wie Aristoteles.

Durch die Philosophie *Platons*, insbesondere in seinem Timaios, der Schrift über die Naturphilosophie, wurde zum ersten Mal innerhalb der Geschichte der Philosophie das Wesen der Zeit begründet. Ein Beispiel: „Gleichzeitig, also mit der Ordnung des Weltalls überhaupt, schafft der Mensch ein nach der Zahl, in bestimmten Maßen, fortschreitendes Abbild. Ein Abbild, dem wir den Namen Zeit gegeben haben. Tage, Nächte, Monate und Jahre, die es vor Entstehung des Himmels nicht gab, lässt er nämlich nun im Verein mit dem Bau des Ganzen entstehen. Dies alles sind Teile der Zeit, und das „War" und „Wird sein" sind gewordene Formen der Zeit, die wir, uns selbst täuschend, mit Unrecht auf das unvergängliche Sein beziehen; denn wir sagen von ihm „es war", „es ist" und „es wird sein", während ihm in Wahrheit nur die Bezeichnung „es ist" zukommt, wogegen man die Ausdrücke „war" und „wird sein" von Rechts wegen nur auf das zeitlich fortschreitende Werden anwenden darf, denn beide sind Bewegungen". Soweit Platon.

Jedes Unternehmen, ja selbst der kleinste Handwerksbetrieb rechnet mit seinem Geld. Haben wir uns eigentlich schon einmal darüber Gedanken gemacht. wie wir mit unserem „Zeitgeld" umgehen? Kaum oder gar nicht. Machen wir uns doch einmal unsere eigene Zeitrechnung auf. Schreiben wir einen Monat genau jeden Tag auf wozu, und wie lange wir die Zeit verbrauchen. Wir werden anschließend mehr als überrascht sein, wie verschwenderisch wir mit der Zeit umgehen. Und wir werden auch dann den Wert unserer Zeit besser schätzen lernen.

Aristoteles ist der Begründer der Kategorienlehre von Substanz, Beziehung, Raum, Zeit, Qualität, Quantität, Tun, Leiden, Haltung und Lage. Er sieht in seiner Physik und Naturphilosophie zunächst die Lehre der sechs Arten der Bewegung: Entstehen, Vergehen, Wachsen, sich zurückbilden, Qualitätsänderung und Ortänderung. Er schreibt: „Wegen der Tatsache, dass Größe immer zusammenhängend ist, ist auch der Bewegungsverlauf etwas Zusammenhängendes, infolge der Bewegung aber auch die Zeit: Wie lange die Bewegung verlief, genau so viel Zeit ist anscheinend jeweils darüber vergangen.

Fang jetzt an zu leben,
zähle jeden Tag
als ein Leben für sich.

Wenn wir diese drei Zeilen, die Gedanken Senecas, verinnerlichen, merken wir sehr schnell, wie wertvoll jeder Tag für uns ist. Es ist also doch mehr als richtig, darüber nachzudenken, wie ich für mich jeden Tag als einen wertvollen, unwiederbringlichen Tag gestalten kann.

Seneca ist Philosoph und einer der bedeutendsten Stoiker. Er verfügte über ein Fülle von Kenntnissen, erstklassige Natur- und Menschenbeobachtung sowie eine hohe Darstellungskunst. Philosophie ist nach ihm sittliche und religiöse Lebensführung. Von der moralischen Schwäche des Menschen ausgehend, verlangt er sittliche Strenge gegen das eigene Ich und verstehende, natürliche Milde gegenüber den Mitmenschen. Die höchste Tugend ist die Treue gegen sich selbst. In seinem Buch „Von der Kürze des Lebens" schreibt er: „Die Mehrheit der Menschen, Paulinus, beklagt sich über die Missgunst der Natur, dass wir für eine nur kurze Zeitspanne geboren werden, dass diese uns gegebene Frist so rasch, so stürmisch abläuft, und zwar in der Weise, dass das Leben die übrigen mit Ausnahme weniger bereits bei der Vorbereitung auf das Leben im Stich lässt. Wir haben keine knappe Zeitspanne, wohl aber viel davon vergeudet.

Unser Leben ist lang genug und zur Vollendung der größten Taten reichlich bemessen, wenn es im ganzen gut verwendet würde: aber sobald es in Genusssucht und Nachlässigkeit zerrinnt, sobald es für nichts Gutes aufgewendet wird, merken wir erst unter dem Druck der letzten Notwendigkeit, dass es vergangen ist, während wir gar nicht erkannten, dass es dahinging. So ist es nun einmal: wir haben kein kurzes Leben empfangen, sondern es dazu gemacht; wir sind nicht arm an Leben, sondern gehen damit verschwenderisch um.

Zeit, die wir uns nehmen,
ist Zeit, die uns etwas gibt.

„Wenn Du das Leben zu gebrauchen verstehst, ist es lang. Den einen hält seine unersättliche Habgier, den Anderen überflüssige Anstrengungen in mühevolle Geschäftigkeit. Der eine ist vom Wein trunken, der andere dämmert in Untätigkeit dahin. Wieder einen andern ermüdet sein ewig von fremden Urteilen abhängiger Ehrgeiz. Den nächsten führt die jähe Gier, Geschäfte zu tätigen, über alle Länder, alle Meere in der Hoffnung auf Profit. Viele hat das Trachten nach fremdem Glück oder die Sorge um das eigene Glück festgehalten. Die meisten, die kein festes Ziel verfolgen, hat die eigene flüchtige und unbeständige Haltlosigkeit durch neue Pläne getrieben.“

Nur ein kleiner Teil des Lebens ist es, in dem wir leben. Die ganze übrige Spanne ist nicht Leben, sondern Zeit. Ihr lebt, als lebt ihr ewig, niemals kommt euch eure Gebrechlichkeit in den Sinn. Ihr beachtet nicht, wie viel Zeit schon vergangen ist. Wie aus Fülle und Überfluss verschwendet ihr sie, während doch inzwischen vielleicht gerade der Tag der letzte ist, den man einem Menschen oder einer Sache widmen kann. Alles fürchtet ihr wie Sterbliche, alles wünscht ihr euch wie Unsterbliche. Es ist nicht zu wenig Zeit, was wir haben, sondern zu viel Zeit, die wir nicht nutzen.“

Vor fast 2000 Jahren entwickelte Seneca diese auch für die heutige Zeit noch immer aktuellen Gedanken. Einige Seiten zuvor war von der Analyse meines Zeitkontos gesprochen worden. Und von der Überraschung, wie wir unsere Zeit ver(sch)wenden. Wie lässt sich nun dieser Vorschlag weiter ausbauen? Schreiben wir auf, was wir unbedingt heute erledigen müssen, was wir wirklich erledigen können und was andere für mich erledigen können. Das Wichtigste kommt zuerst. Es hat Priorität vor allem anderen. Wir werden auf einmal sehen, wie Vieles warten kann, von dem wir vorher geglaubt hatten, es müsste unbedingt sofort erledigt werden. Und wie Einiges vollkommen sinnlos ist.

Vilfredo Pareto, ein italienischer Wirtschaftswissenschaftler, entdeckte 1896, dass 80 % des Landes Italien im Besitz von 20 % der Bevölkerung waren. Mit diesem Prinzip lässt sich Vieles heute leicht in den Griff bekommen. Wie funktioniert so etwas in der Praxis? Bei Analysen der Arbeit von Führungskräften zeigte sich immer wieder zu ihrer Verblüffung, dass sie zu viel Zeit mit Nichtigkeiten verbringen, die an sich andere Mitarbeiter tun könnten. Es ist dann sinnvoll bei dieser Gelegenheit Nägel mit Köpfen zu machen, wie der Volksmund so schön sagt. Alle Abteilungen in einem Unternehmen sollten daran beteiligt werden. Dazu gehören auch die oberen Etagen eines Unternehmens. Noch spannender wird es erst, wenn Mitarbeiter selbst eine Zeitanalyse ihres Arbeitsplatzes erstellen Auch hier wird wieder Pareto grüßen. Allerdings stellt sich dabei immer wieder die Frage nach der Zuständigkeit der Aufgaben, die eine wesentliche Überlegung aufwerfen: Im Laufe von Jahren wurden Mitarbeiter „zugeschüttet" von vielen Stellen im Unternehmen mit Arbeiten, wozu sie nicht einmal vom Können her in der Lage waren, diese Arbeiten zur Zufriedenheit auszuführen. Aber es musste getan werden. Erst bei einer gründlichen Inventur ihrer Arbeiten kamen dann Missstände zu

Tage. Zu diesen Überlegungen gibt es eine zentrale Frage:" Muss ich das alles selbst tun? Kann oder muss ich mich endlich von einigen bestimmten Aufgaben trennen, auch wenn sie mir unter Umständen immer noch viel Freude bereiten?"

Wie sieht es denn in anderen Bereichen unserer Wirtschaft aus: Beispiel Vertrieb: Tatsächlich gibt es Unternehmen, in denen nur 20 Prozent der Verkäufer für 80 Prozent des Umsatzes verantwortlich sind. Beispiel Lagerhallen: Nicht selten beanspruchen 20 Prozent der Produkte 80 Prozent des vorhandenen Platzes. Beispiel Produktivität: Bei richtiger Priorisierung lassen sich bereits mit nur 20 Prozent aller Bemühungen häufig schon 80 Prozent der Arbeit erledigen. Beispiel Internet: 80 Prozent des gesamten Online-Verkehrs konzentrieren sich auf 20 Prozent der Websites. Beispiel Verkehr: Auf 20 Prozent der Straßen fahren 80 Prozent der Verkehrsteilnehmer. Beispiel Zeitmanagement: Mit 20 Prozent der richtig eingesetzten Zeit lassen sich 80 Prozent der Aufgaben erledigen.

Das Pareto-Prinzip kann nach meinen Erfahrungen auch den Ausschlag nach rechts und links haben: Die prozentuale Verteilung kann dann zwischen max. 10/90 % und max. 30/70 % schwanken. Am besten ist es, mit der Analyse erst einmal bei sich selbst zu beginnen.

Gandhi

Jede vergeudete Minute
ist unwiederbringlich verloren.
Obwohl wir das wissen,
wie viel Zeit vergeuden wir doch!

Dafür hatte *Plotin*, ein griechischer Philosoph und Leiter einer eigenen Schule in Rom, eine ganz andere Denkweise als Seneca zum Thema Zeit. Die Frage: Was ist Zeit? wird jedoch zunächst hinterfragt mit: Warum ist Zeit?, um den Bezug der Ewigkeit zur Zeit vorstellbar zu machen. Plotin hat mit der Bestimmung der Zeit als Leben der Seele sein Denken entwickelt: Zeit ist die Weise, wie die Seele ist und lebt. Die Seele ist überall, sie fehlt keinem Teil der Welt. Daher ist überall, wo die Seele ist, auch Zeit.

Rosegger

Wer sich die Zeit nimmt,
der hat sie.

Von anderer Art ist die Geisteshaltung zum Begriff Zeit von *Augustinus*. Berühmt ist seine Analyse der Zeit im 11. Buch seiner „Bekenntnisse". In ihr wird nicht nur die Zeiterfahrung als begründende Leistung des Bewusstseins erklärt, sondern darüber hinaus das Bewusstsein des Menschen als ein zeitliches Wesen im Verhältnis zur unglaublichen Wahrheit begriffen.

Augustinus vollzieht hierbei die Wendung von dem antiken Zeit-verständnis hin zum persönlichen inneren Zeitbewusstsein. Wird Zeit als objektiv gegeben betrachtet, so zeigt sich, dass sie in nicht zueinander passende Zeitpunkte zerfällt. Denn das Vergangene ist nicht mehr, das Zukünftige noch nicht und die Gegenwart redu-ziert sich auf den winzigen Punkt des Überschlags von Vergan-genheit zu Zukunft.

Dennoch haben wir ein Bewusstsein von Dauer, wir erfahren Zeit und besitzen Zeitmaßstäbe. Das ist offenbar nur möglich, weil das menschliche Bewusstsein die Fähigkeit hat, die Spuren, die der flüchtige Eindruck hinterlässt, als Bilder im Gedächtnis zu behal-ten und ihnen somit Dauer zugeben. Die Art des Begreifens der Bilder kennzeichnet die drei Zeitdimensionen als Gegenwart von Vergangenem da Erinnerung, Gegenwart von Gegenwärtigem da Betrachtung, und Gegenwart von Zukünftigem nämlich Erwar-tung ist.

Bedeutende historische Gedanken, Ein- und Ansichten zum The-ma Zeit konnten wir mit Interesse betrachten. Jede hat für sich eine Daseinsberechtigung und passt zum größten Teil in unsere heutige Zeit. Wie sieht nun aber *Albert Einstein* den Begriff Zeit? Er leitet im ersten Viertel des Jahrhunderts einen grundle-genden Wandel im Weltbild der Physik ein. Die Zeitausdehnung lässt sich durch den Vergleich zweier identischer Uhren zeigen. Bewegt man eine davon mit hoher Geschwindigkeit, so zeigt sie anschließend eine Zeitverschiebung beim Vergleich mit der in Ruhe verbliebenen Uhr. Raum und Zeit sind also nicht unabhängig voneinander. Sie bilden das sich ständig ausdehnende Raum-Zeit-Gebilde: Zur Vergangenheit gehört alles, von dem wir im Hier und Jetzt prinzipiell wissen können. Zukunft sind alle Ereignisse, auf die wir noch Einfluss nehmen könnten. Außerhalb liegt die Gegenwart, in der Ereignisse „raumartig" verknüpft sind. Von diesen können wir weder etwas wissen, noch Einfluss auf sie nehmen.

Zukunft und Vergangenheit sind durch die endliche Zeitspanne getrennt. Es stellt sich zwangsläufig die Frage: Gibt es eigentlich eine für alle gleich ablaufende absolute Zeit? Albert Einstein widerlegte alle Vorstellungen des Menschenverstandes über die Zeit. In seiner speziellen Relativitätstheorie wies er mathematisch exakt nach, dass Uhren in Raumschiffen, die fast Lichtgeschwindigkeit erreichen, für irdische Beobachter deutlich langsamer laufen als baugleiche Uhren auf der Erde. Was zu der fantastischen Erkenntnis führt, dass morgen startende Raumfahrer nach einer 68-jährigen All-Rundreise mit 99,94 Prozent der Lichtgeschwindigkeit im Jahre 4000 als Greise auf die Erde zurückkehren und nur noch unbekannte Verwandtschaft antreffen würden - weil hier inzwischen fast 2000 Jahre vergangen wären.

> Die Zeit ist das kostbarste Gut,
> man kann sie für Geld nicht kaufen.

Dieser Satz kann gar nicht genug oft wiederholt werden, zeigt er doch die ganze Breite zum Thema Zeit, mit der wir Menschen uns seit vielen Jahrtausenden beschäftigen.

Attar von Nischapur aus dem Iran beschreibt sehr eindringlich den Wert der Zeit in seiner Geschichte vom Geizhals und dem Engel des Todes. Mit Anstrengung, Handel und Vergabe von Kredit hatte ein Geizhals dreihunderttausend Dinare angehäuft. Er besaß Länder- ein, Häuser und Besitztümer jeglicher Art. Eines Tages entschloss er sich, ein Jahr dem Vergnügen zu widmen und gut zu leben. Dann würde er entscheiden, wie die Zukunft aussehen solle. Aber fast im selben Augenblick, als er damit aufgehört hatte, Geld aufzuhäufen, erschien der Engel des Todes bei ihm, um sein Leben zu nehmen. Der Geizhals versuchte mit jedem Mittel, das ihm zur Verfügung stand, den Engel von seinem Vorhaben abzubringen. Der Engel jedoch schien unnachgiebig. Da sagte der Mann: „Lass mir nur drei Tage, dann gebe ich dir ein Drittel meines Vermögens. Der Engel weigerte sich, und zerrte noch einmal am Leben des Geizhalses, um es fortzunehmen. Darauf sagte der Mann: „Wenn du mir nur zwei Tage auf dieser Erde lässt, sollen zweihunderttausend Dinare aus meinem Schatz dir gehören." Aber der Engel wollte nicht auf ihn hören. Er weigerte sich sogar, ihm nur einen einzigen Tag für die ganzen dreihunderttausend Dinare zu überlassen. Schließlich sagte der Geizhals: „Ich bitte dich, lass mir dann nur soviel Zeit, wie ich brauche, um eine Kleinigkeit niederzuschreiben." Dieses kleine Zugeständnis erlaubte der Engel, und mit seinem eigenen Blut schrieb der Mann: „O Mensch, nütze dein Leben. Nicht eine Stunde konnte ich für dreihunderttausend Dinare kaufen. Sorge dafür, dass du den Wert deiner Zeit erkennst."

Die Geschichte vom Geizhals und dem Engel des Todes macht nur allzu deutlich, wie wenig wir uns für Geld kaufen können. Das Teuerste in unserem Leben, nämlich die Zeit, ist dafür nicht zu bekommen.

Vor einigen Jahren fand ich in Irland folgende Gedanken:

Nimm dir Zeit, zum Arbeiten,
es ist der Preis des Erfolgs.

Nimm dir Zeit, zum Nachzudenken,
es ist die Quelle der Kraft.

Nimm dir Zeit, zum Spielen,
es ist das Geheimnis der Jugend.

Nimm dir Zeit, zum Lesen,
es ist die Grundlage deines Wissens.

Nimm dir Zeit, zum Freundlich sein,
es ist das Tor zum Glücklichsein.

Nimm dir Zeit, zum Träumen,
es ist der Weg zu den Sternen.

Nimm dir Zeit, zum Lieben,
es ist die wahre Lebensfreude.

Nimm dir Zeit, zum Fröhlichsein,
es ist die Musik deiner Seele.

Zum Schluss die letzte Frage: Wie soll ich's denn nun machen, damit ich mehr von meiner Lebenszeit habe? Unsere englischen Freunde prägten vor langer Zeit den einfachen und wirkungsvollen Satz:

Plan your work and work your plan.
Und das funktioniert in der Praxis sehr gut.

Ethik - eine Lebenswissenschaft

Ist meine Moral Deine Moral?

Wenn ich morgens von Leimen nach Heidelberg mit der Linie 23 der HSB (Heidelberger Straßenbahn AG) zur Universität fahre, am Endpunkt einsteige, sind meistens die Wagen noch leer. An irgendeiner Haltestelle werden sie von einer ganzen Schulklasse besetzt, die Kinder belegen fast alle Plätze. Ich bin gespannt, was sich weiter entwickelt. Von Haltestelle zu Haltestelle steigen ältere Bürger ein, Bürger, die vom Alter her Anspruch auf einen Sitzplatz hätten. Sie sind zum Teil behindert. Was passiert jetzt? Nur einige wenige Kinder bieten den Älteren ihren Sitzplatz an, die meisten schauen aus dem Fenster. Hat das noch etwas mit Höflichkeit und Rücksicht zu tun? Was hat sich eigentlich in den vergangenen Jahrtausenden verändert? Hat sich überhaupt etwas verändert?

Bis auf den heutigen Tag beschäftigen sich Menschen mit der Ethik und der Moral, ohne sich dessen immer bewusst zu sein. Ob es nun die Ägypter, die Babylonier, die Chinesen, die Inder, der Koran oder das Alte und Neue Testament waren, überall finden wir genügend Hinweise dafür. Begriffe wie Selbstbeherrschung, Großzügigkeit, Hilfsbereitschaft, Rechtschaffenheit, die Liebe zu Gott, Freundschaft, Pflicht, aber auch Habgier, Vergeltung, Leiden usw. gehören zur Ethik. Natürlich gibt es unzählbar viele Leitgedanken dazu.

In einem der ältesten Gesetzgebungstexte der Menschheit führte König *Hammurabi* von Babylon 1.500 v. Chr. in Regeln das Zusammenleben unter Menschen auf einen Gott zurück. Sie wurden damals als heilige Ordnung vorgestellt, an die sich jeder im Lande zu halten hatte. Von den 282 auf Tafeln gefundenen Regeln (auch Gesetze), finden sich unter anderem solche: „Wenn ein stattlicher Sklave oder der Sklave eines freien Mannes (damals sehr hoch angesehen) die Tochter eines freien Mannes heiratet und Kinder geboren werden, hat der Besitzer des Sklaven nicht das Recht, die Kinder zu Sklaven zu machen." „Wenn ein Bürger einen anderen Bürger beschuldigt und ihm Mord vorwirft, ihn aber nicht überführt, so wird derjenige, der ihn bezichtigt hat, getötet." „Wenn ein freier Mann den Zahn eines ihm Ebenbürtigen ausschlägt, schlägt man seinen Zahn aus."

Herodot, ca. 484 - 424 v. Chr., den Cicero den Vater der griechischen Geschichte nannte, schrieb in seinen lydischen Geschichten über Kandaules und Gyges unter anderem: „ Mein Herr! Was machst du da für einen unverständlichen Vorschlag, der du mich aufforderst, meine Herrin nackt anzuschauen. Wenn eine Frau ihr Kleid ablegt, legt sie zugleich auch ihre Scham ab. Schon seit alter Zeit sind von den Menschen die Regeln sittlichen Anstandes erfunden, aus denen man lernen muss. Unter ihnen befindet sich diese eine: Jeder schaue auf das Seinige! Ich bin überzeugt, dass sie die schönste von allen Frauen ist, und ich bitte dich, nichts zu verlangen, was gegen die Sitte verstößt."

In einem Lauf durch die Jahrtausende wird sichtbar, wie bisher Menschen immer wieder versucht haben, durch Regeln und Vorschriften das Zusammenleben untereinander erträglicher zu gestalten, um ein gutes Miteinander zu erreichen. Gleichzeitig stellt sich die Frage, auf welcher Grundlage wir heute unser Leben miteinander gestalten sollten.

Im Buddhismus, der durch Siddharta Gautama, 560 - 480 v. Chr., stark geprägt wurde, erscheinen zum ersten Mal ethische Gebote: Rechte Anschauung und rechte Gesinnung, rechtes Reden und rechtes Handeln, rechtes Streben und rechtes Überdenken. Der Konfuzianismus, der auf Lehren von Konfuzius, 551 - 479 v. Chr., zurückgeht, spricht von den grundlegenden Tugenden: Menschlichkeit, Rechtschaffenheit, Schicklichkeit, Weisheit und Loyalität. Am Anfang allen Nachdenkens über die Ethik stand vor ca. 2.500 Jahren nicht die Frage, was wir sollen, sondern die Frage nach dem Wollen, die Frage nach einem richtigen Leben. Die Griechen nannten das richtige Leben das Gute oder das höchste Gut.

Noch bevor sich Aristoteles intensiv mit der Ethik beschäftigte, war es *Demokrit*, ein thrakischer Philosoph, 460 – 370 v. Chr., dessen Ethik die rechte Verfassung der Seele, die in Ausgeglichenheit und Ruhe besteht, zum Zentrum seiner Überlegungen macht. Durch Vernunft, Maßhalten, Zurückhaltung im sinnlichen Genuss soll die Schätzung geistiger Güter erreicht werden. Hauptleitsatz Demokritscher Ethik war:

Der Geist soll sich gewöhnen,
seine Freude aus sich selbst zu schöpfen.

Ein Satz, der zum Nach- und Weiterdenken anregt. Mit dem griechischen Wort phronesis, Klugheit, bezeichnet Demokrit die „kluge Einsicht", die es dem Menschen möglich macht, sich in bestimmten Lebenssituationen zurechtzufinden. Diese praktischen Beurteilungs- und Lebensgrundlagen steuern und lenken unser moralisches Verhalten. Demokrit entdeckt mit der phronesis unter anderem auch die „praktische Vernunft". Er ist der erste, der das Gebiet des Praktischen als eigenständigen Bereich des menschlichen Lebens sieht. Mit dike, Recht, einem Begriff der Moral Demokrits, verkörpert er die Idee der absoluten Pflichterfüllung und das pflichtgemäße Handeln in allen Lebenssituationen. Er entwikkelte schon im 4. Jahrhundert v. Chr. die Grundzüge dessen, was man heute zur „Pflichtethik" rechnen könnte.

„Ich glaube, die Griechen hatten recht, wenn sie neben dem Faktum der Vernunft das gesellschaftliche Geformtsein, das Ethos stellen. Ethos ist der Name, den Aristoteles dafür gefunden hat. Die Möglichkeit der bewussten Wahl und der freien Entscheidung ist durch etwas, was wir schon sind, immer mitgetragen - und wir sind uns selbst nicht „Gegenstand". Es scheint mir eines der großen Vermächtnisse des griechischen Denkens für unser Denken, dass die griechische Ethik auf diesem Grunde des wirklich gelebten Lebens einem Phänomen breiten Raum gelassen hat, das es in der Neuzeit kaum noch als Thema der philosophischen Reflexion gibt. Das Thema der Freundschaft. Das ist ein Wort, das für uns einen so engen Begriffsklang bekommen hat, dass wir uns erst strecken müssen, um zu wissen, was dabei überhaupt gemeint ist. Freundschaft ist in der philosophischen Reflexion ein Titel für Solidarität.

Aristoteles, 383-322 v. Chr., mit Platon der größte griechische Philosoph aus Stagira, war ein Schüler Platons und Erzieher Alexanders des Großen. Als Begründer der wissenschaftlichen Philosophie ist er der universale Gelehrte der Antike auf dem Gebiet der Naturbeobachtungen mit politisch-geschichtlicher Erfahrung. Besonders wirkte er auf das arabische, jüdische und christliche Mittelalter, aber auch bis in die heutige Gegenwart hinein. Am Anfang steht die Philosophia prima, die erste Philosophie, die Aristoteles aus seiner „Metaphysik" übernahm. Sie ist die Grundlage unseres gesamten Wissens. In seiner Nikomachischen Ethik legt er den Grundstein für eine Handlungstheorie, die das Ziel und den Zweck menschlichen Handelns für ein tugendhaftes und glückliches Leben bestimmen will. Heute wird besonders in der Schule mit der nikomachischen Ethik gearbeitet.

In der aristotelischen Ethik werden neben vielen anderen Grundbegriffen das Glück, die Tugend, die Gerechtigkeit und die Freundschaft entwickelt. Diese Ethik hat zum Ziel, das dem

Menschen erreichbare, gemeinsame Gute zu erhalten. Weil dieses Gute im Bereich der menschlichen Erfahrung da sein muss, geht Aristoteles zunächst systematisch vor. Der Ausgangspunkt ist die bestehende Gesellschaft und die in ihr erworbenen Wertvorstellungen. Nach ihm gibt es gewisse Merkmale für besondere Tätigkeiten und Fähigkeiten. Sie zeichnen den Menschen aus und sind in ihm im höchsten Grade entwickelt. Es gibt ein grundlegendes Merkmal des Menschen: Es ist die Fähigkeit, Handlungen durch Vernunft zu gestalten. Von der Verwendung des Wortes gut ausgehend, stellt Aristoteles zunächst fest, dass diese Funktion sehr umfangreich ist. So beginnt seine berühmte Nikomachische Ethik mit der für seine ganze praktische Philosophie grundlegenden Aussage:

„Jedes praktische Können und jede wissenschaftliche Untersuchung, alles Handeln und Wählen strebt nach einem Guten, wie allgemein angenommen wird. Die richtige Bestimmung von Gutem ist das Ziel, nach dem alles strebt."

Die Entwicklung der Ethik ging mit *Epikur aus Samos*, 341 – 270 v. Chr., weiter. Er sah Vernunft und Einsicht als unentbehrlich an: „Prinzip alles seligen Lebens und darum höchstes Gut ist die Einsicht. Aus dieser Einsicht entspringen alle übrigen Werte. Man kann ohne Einsicht, ohne Sittlichkeit und Recht überhaupt nicht lustvoll leben. Ebenso wie man ohne Lust auch nicht vernünftig, sittlich und gerecht leben kann. Alle Tugenden hängen mit dem angenehmen Leben zusammen. Dieses wiederum ist von ihnen nicht zu trennen". Weitere Schwerpunkte in seinen Lebensweisheiten sind das Sich-Bescheiden-Können, das Maß, die Stille und der innere Frieden. „Wir halten die Selbstgenügsamkeit für ein großes Gut, nicht als ob wir ohne weiteres mit dem Dürftigen zufrieden wären, sondern weil wir, wenn wir nicht vieles haben können, uns mit dem wenigen begnügen. Und wir sind überzeugt, dass der den Reichtum am glücklichsten genießt, seiner am wenigsten bedarf".

Auch das bekannte „Lebe im Verborgenen" hat einen tieferen Sinn. Es ist nicht einfach nur Flucht vor der unbequemen Wirklichkeit des Alltags und des öffentlichen Lebens, damit man seine Ruhe hat. „Es entsteht aus der Erkenntnis, dass in der Zurückgezogenheit und in der Stille dem Menschen eine neue Wirklichkeit aufgeht: die Hinwendung zu sich selbst, die Ruhe und Ausgeglichenheit der Seele und die Harmonie des Herzens. Die Krone der Seelenruhe ist unvergleichlich wertvoller als hohe Führerstellungen. Ein weiterer wesentlicher Punkt aus den Fragmenten Epikurs ist die Freundschaft. Dazu seine Gedanken: „Unter allem, was die Weisheit zum Glück des Lebens beiträgt, ist nichts größer, nichts fruchtbarer, nichts freudvoller als die Freundschaft. Man wählt die Freunde um der Lust willen, aber für seine Freunde nimmt man die größten Schmerzen auf sich".

Im Mittelalter war es *Thomas von Aquin*, 1224-1274, genannt Thomas, Theologe und der bedeutendste Philosoph im Mittelalter, der mit aristotelischem Denken seine eigene Philosophie begründete. Er hat mit seiner Tugendlehre das Idealbild des Menschen skizziert. Wir können heute aus dieser Tugendlehre eine hervorragend konzipierte Wertlehre herauslesen. Die Tugenden des Herzens lassen Berufung und Größe des Menschen erst sichtbar werden. Jedem einzelnen öffnen sie den Weg, eine Persönlichkeit zu werden. Entsprechend der griechischen und christlichen Tradition besteht für Thomas der Abschluss der Ethik in der Glückseligkeitslehre.

Albert Schweitzer

Kraft macht keinen Lärm.
Sie ist da und wirkt.
Wahre Ethik fängt an,
wo der Gebrauch der Worte aufhört.

Ramon Lull, 1232 – 1315, ein katalanischer Theologe und Philosoph, hat sich in seinem Buch „Das Buch vom Heiden und den drei Weisen" intensiv mit Tugenden und Todsünden beschäftigt, also mit der Ethik, ohne dieses Wort zu nennen. Er spricht hier

1. Von den sieben obersten Tugenden: Güte, Größe, Ewigkeit, Macht, Weisheit, Liebe und Vollkommenheit. Nach Lull's Denken dürfen diese Tugenden nie im Gegensatz zu einander stehen.

2. Von den sieben geschaffenen, allgemeinen Tugenden: Gerechtigkeit, Klugheit, Tapferkeit, Maß, Glaube, Hoffnung und Liebe. Diese Tugenden sollen sich nie feindlich gegenüber stehen.

3. Von den sieben Todsünden: Völlerei, Wollust, Habsucht, Trägheit, Stolz, Neid und Zorn. Diese Todsünden dürfen in keiner Weise im Einklang zu den ungeschaffenen und geschaffenen Tugenden stehen. Und: je gegensätzlicher sich die Tugenden zu den Todsünden verhalten, desto stärker sollten sie geliebt werden.

In einer für die damaligen Verhältnisse beeindruckenden Umsetzung seines Denkens in fünf Bäume, die als Blätter in verschiedenen Kombinationen die Tugenden und die Todsünden darstellten, erklärte Lull die unterschiedlichsten Wirkungen der einzelnen Kombinationen. Er wurde deshalb auch der zweite Aristoteles genannt.

Mit *Immanuel Kant*, 1724 – 1804, begann ein neues Denken, das zu einem Überdenken von Ethik und Moral führte. In seiner Grundlegung zur Metaphysik der Sitten heißt es gleich am Anfang: „Es ist überall nichts in der Welt, ja überhaupt auch außer derselben zu denken möglich, was ohne Einschränkung für gut gehalten werden könnte, als allein ein guter Wille". Und weiter: „Der gute Wille ist nicht durch das, was er bewirkt oder ausrichtet, nicht durch seine Tauglichkeit zur Erreichung irgendeines vorgesetzten Zweckes herbeizuführen, sondern allein durch das Wollen, das ist an sich gut." Die Form des Willens allein entscheidet über die Form seiner möglichen allgemeinen Anwendung. Er hat für die Selbstbestimmung des Willens den Begriff der Autonomie eingeführt: „Die Autonomie des Willens ist das alleinige Prinzip aller moralischen Gesetze und der ihnen gemäßen Pflichten." Ebenso bemerkenswert wie der Formalismus ist für die Kantische Ethik ihr Rigorismus. Das Sittliche begegnet uns als Gesetz, als Imperativ, und dieser ist kategorisch, duldet kein Wenn und Aber. Diesen Formalismus erkennt man sofort am „Grundgesetz der reinen praktischen Vernunft". Es lautet: „Handle so, dass die Maxime deines Willens jederzeit zugleich als Prinzip einer allgemeinen Gesetzgebung gelten könnte". Die Kantische Ethik ist damit als eine ausgesprochene Pflichtethik anzusehen.

Max Scheler, 1874 – 1928, ist der Begründer einer Wertlehre, deren Inhalte besonders hervorgehoben werden müssen. Scheler's erste philosophische Tat war die Entdeckung des Wertreiches. Werte sind nach ihm etwas Eigenes. Sie sind „Qualitäten" individueller Art, die in sich selbst ruhen und sich auch selbst rechtfertigen. Einfach durch ihren Inhalt. Die Werte brauchen nicht angeordnet werden, sie ziehen den Menschen von selbst an. Der Mensch ist nicht so schlecht, dass er den kategorischen Imperativ von Kant braucht. Er hat ein Gefühl für das Wertvolle. Für dieses Erfassen der Werte sagt er Wertfühlen. Scheler durchschaut daher auch die Unhaltbarkeit des Wertsetzens im Relativismus. (Eine Anschauung, die bedingt, relativ, durch den Standpunkt des Einzelnen richtig ist. Allerdings für alle nie allgemeingültig wahr ist.)

Die Ethik untersucht, was im Leben und in der Welt wertvoll ist, denn das ethische Verhalten besteht in der Verwirklichung ethischer Werte. Diese Werte sind sowohl in der jeweiligen Situation als auch in der Person zu finden. Mit der Ethik entsteht ein Wertebewusstsein. Es hat zur Folge, dass jeweils nur eine bestimmte Anzahl von Werten verwirklicht werden können. Ständig neue Werte treten über die Schwelle des Wertbewusstseins, andere fallen heraus. So hat jeder Mensch, jede Gruppe wie zum Beispiel ein Verein, ein Unternehmen, eine Familie, für sich eine eigene Wertpyramide.

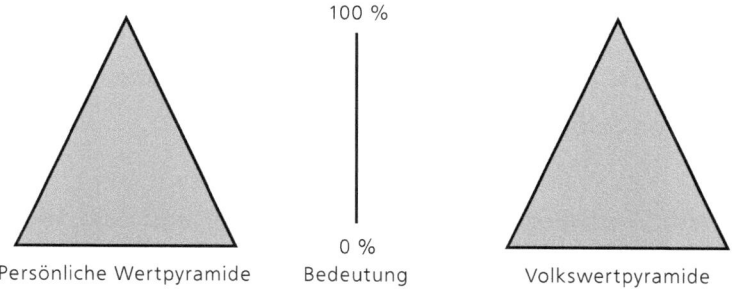

Persönliche Wertpyramide   Bedeutung   Volkswertpyramide

Die Wertpyramide eines Volkes hat ein gemeinsames Zentrum, das Werte enthält, deren Verwirklichung von jedermann gefordert und bei jedermann vorausgesetzt wird. Moralisch gut ist, was moralisch gut für alle ist. In der Lehre von den Werten, wird im Konfliktfall immer dem höheren Wert der Vorrang eingeräumt. Es bleibt daher jedem Leser selbst überlassen, seine eigene Wertpyramide mit den für ihn wichtigen Werten auszufüllen.

Die Wertverwirklichung besteht darin, dass z. B. die Ehrlichkeit als Tugend nicht nur anerkannt, sondern konsequent gelebt wird. – Im alltäglichen Leben hat der Mensch in der Regel die Wahl zwischen mehreren Werten. Unterscheiden lassen sich hier zwei Hauptbegriffe:

1. Die Grundwerte, die in allen anderen ethischen Werten mehr oder weniger weit übergreifen, sind: der Wert des Lebens, des Bewusstseins, der Tätigkeit, des Leidens, der Kraft, der Willensfreiheit, der Voraussicht, der Fähigkeit Ziele zu setzen.

2. Die Tugenden: Gerechtigkeit, Weisheit, Tapferkeit, Selbstbeherrschung, Nächstenliebe, Wahrhaftigkeit und Aufrichtigkeit, Zuverlässigkeit und Treue, Vertrauen und Glaube, Bescheidenheit und Demut, Werte des Umgangs mit Anderen. Tugenden sind eben eine Art von Selbstverpflichtung.

Bei einem Workshop mit dem Firmeninhaber und dem obersten Führungskreis war das Ziel beschrieben, neue Werte für das Unternehmen zu finden. Es dauerte nicht allzu lange, bis wir gemeinsam zu dem Ergebnis kamen, erst einmal die alten Begriffe neu zu entwickeln und vorzuleben. Dazu gehören ganz einfach die vier Kardinaltugenden nach Platon: Gerechtigkeit, Weisheit, Besonnenheit und Tapferkeit, auf die ich im einzelnen zurückkomme.

Wir müssen unsere moralischen Werte
nicht erst neu schaffen.
Sondern die, die wir gelebt hatten,
aus der Vergessenheit hervorholen,
uns neu bewusst machen und sie vorleben.

George Edward Moore, 1873-1958, ein englischer Philosoph der Neuzeit, bemerkt dazu: „Was ist gemeint, wenn man etwas „Tugend" nennt? Aristoteles' Definition ist im wesentlichen richtig, weil er sagt, „sie ist eine zur Gewohnheit gewordene Neigung, bestimmte Handlungen zu vollziehen. Tugenden gelten durchweg als an sich gut. Wie die Pflichten von den nützlichen Handlungen, so unterscheiden sich die Tugenden von anderen förderlichen Neigungen nicht durch irgendeine überlegene Nützlichkeit, sondern durch den Umstand, dass sie besonders nützlich sind." Über allem aber schwebt bis auf den heutigen Tag, wie ein unsichtbarer Geist, „Die Goldene Regel", vielfach auch aus anderen Quellen beschrieben. Zum Beispiel in Matthäus 7, 12: „Alles nun, was ihr wollt, das euch die Leute tun sollen, das tut ihr ihnen auch". Dem Sinn nach hat die goldene Regel bei allen Kulturvölkern diese Bedeutung:

Was du nicht willst, das man dir tu',
das füg auch keinem anderen zu.

Manchmal ergeben sich über den Begriff Ethik Diskussionen: Dürfen sich zum Beispiel Politiker in Krisensituationen über Moral und Recht hinwegsetzen? Wem nützt es, wenn es moralische Normen gibt, die keiner befolgt? Gibt es überhaupt eine politische Moral? In solchen Grundsatzdiskussionen bleiben ethische Fragen oft im Ansatz stecken. Soviel ist fürs erste klar: Ohne moralisches Fragen, ohne Konflikte, ohne Überzeugungen gibt es keine Ethik und kein Zusammenleben. Wie entsteht nun Ethik im Alltag?

Am Anfang der Ethik, der Fragen nach einem richtigen Leben, steht die Entwicklung, in der ein Kind die Wirklichkeit des Lebens erlebt. Es nimmt seine Umwelt wahr und beobachtet, was alles so passiert. Es versucht seiner Umgebung seinen Willen aufzuzwingen und macht die Erfahrung, dass nicht alles, was es will, auch ohne weiteres zu haben ist. Es prägt sich ein, dass es Ziele gibt, die unerreichbar sind. Andere sind nicht angenehm zu erreichen, weil sie entweder unerfreuliche Folgen haben, oder Erwachsene etwas unter Androhung von Strafe verbieten. Andere Ziele dagegen werden durch Lob und Belohnungen ausgezeichnet.

Mit der Zeit lernt das Kind zwischen du sollst, du darfst und du sollst nicht zu unterscheiden. Es führt diesen Unterschied nicht nur auf das zurück, was es selbst will. Es lernt dadurch, nicht nur Regeln zu befolgen und nach Regeln zu handeln. Es beurteilt auch Handlungen, seine eigenen wie die anderer Menschen, nach

bestimmten Regeln. Und es fragt: „Warum muss ich so handeln?"
Oder: „Warum reagiert ihr so, wenn ich das und das mache?"

Auf diese frühe Phase kindlicher Moral folgt ein Wandel hin zur
Selbstbestimmung. In dieser Zeit gehorcht das Kind, wenn es eine
Regel befolgt, nicht mehr, weil die Eltern oder andere Respekts-
personen es entscheiden, sondern weil es die Regel verlangt. Die
Regel wird bis zu einem bestimmten Punkt selbstständig ange-
wendet. Das Kind betrachtet dann diese Regel nicht mehr als ein
von außen Gesteuertes, sondern erkennt sie für sein Verhalten
als wesentliche Orientierung für sein Leben an. Nach dieser Zeit
kommt dann die eigentliche Moral, in dem Bewusstsein, sich an
Regeln zu halten. Das ist die Stufe der eigenen Verantwortung für
das Entstehen von moralischen Grundsätzen, die das Kind jetzt
überprüfen kann.

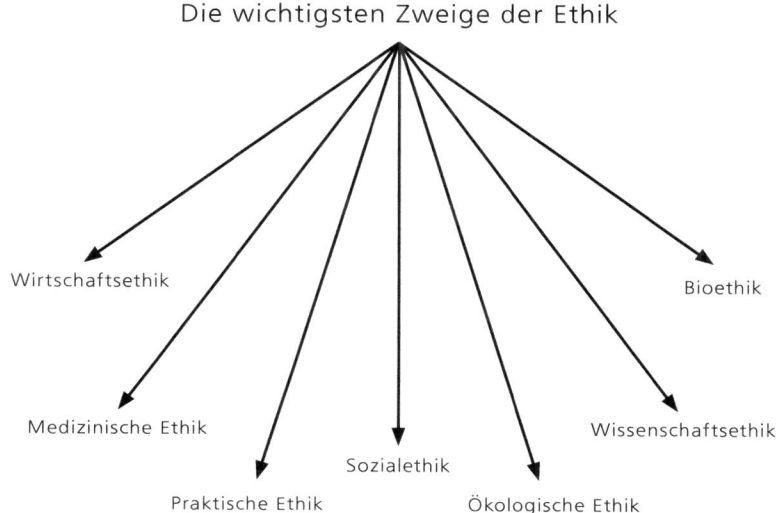

Die wichtigsten Zweige der Ethik

Wirtschaftsethik

Bioethik

Medizinische Ethik

Wissenschaftsethik

Praktische Ethik

Sozialethik

Ökologische Ethik

Medizin und Gentechnologie stellen uns dagegen heute vor Probleme, für die unsere traditionellen Wertvorstellungen einfach keine Antworten haben.

Der Mensch möchte glücklich mit Anderen zusammenleben. Dazu gehören nun einmal bestimmte Normen und Werte. Sie regeln den Umgang des Menschen mit sich und Anderen. Im kleinsten Bereich wie der Ehe und Familie, im größeren Bereich wie im Beruf oder in der Gemeinde, in der Gesellschaft und im Staat. Diese Ordnungsstrukturen verglichen die Griechen mit den Tugenden und dem Ethos. Das griechische Ethos bedeutet eine sittliche Grundhaltung, die in einem Einzelnen oder in einer Gruppe durch Gewohnheit oder Konvention Gültigkeit hat. Diese Grundhaltung ermöglicht es den Menschen, zwischen gut und schlecht zu unterscheiden. Sie ist eine Lebensführungskompetenz. Die Ethik begründet Normen. Diese Normen müssen nicht, können aber identisch sein mit den geltenden sittlichen Grundeinstellungen.

Grundlage jeder Ethik ist der gute Wille.

Die Ethik ist in erster Linie eine normative, vorschrei- bende Disziplin. Sie sagt, was wir tun sollen. Im Gegensatz dazu ist die deskriptive Ethik eine konstatierende oder beschreibende Ethik. Sie beschreibt was üblich ist, etwas zu tun. Regeln, Grundwerte und Tugenden gelten nur so lange, wie sie von der Mehrheit eines Volkes oder einer Gruppe anerkannt und praktiziert werden. Und: Normen und Werte sind geprägt durch Vorbilder.

Die nachfolgenden Beispiele können normative Ethik sein: Die 10 Gebote, das Sollen und Wollen, die Regeln des Benedikt, die Regeln des Augustinus. Die normative Ethik kann auch in Konventionen, in Abkommen, in Unternehmen durch Unternehmensleitlinien und Führungsgrundsätzen, in Vereinen mit Vereinssatzungen beschrieben sein. Daraus entstehen die grundlegenden Fragen:

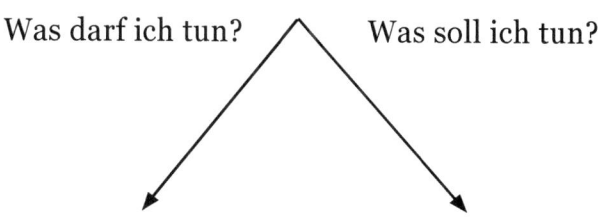

Was darf ich tun? Was soll ich tun?

Es gründen sich daraus

Moralische und rechtliche Normen

Autonomie, der Begriff Freiheit, entsteht dadurch und ist der moralische Grundwert der Neuzeit überhaupt. Kein gegenwärtiges Moralkonzept kann sich der Auseinandersetzung mit diesem Begriff entziehen. Heute wird der Mensch als selbstständiges Wesen betrachtet, und darauf beziehen sich alle gegenwärtigen Moralbegründungen. Den Unterschied von Ethik und Moral bestimmen zwei Fragen, die diese Differenz auf direkte Weise sichtbar machen. Die normative, feststellende, Frage lautet: „Warum ist man kategorisch verpflichtet, x zu tun?" Die ethische, beschreibende Frage dagegen: „Warum ist es gut für mich, x zu tun?" Daher kann meine individuelle ethische oder moralische Entscheidung für andere nicht verbindlich sein. Die Gewohnheit spielt auch hier eine zusätzliche, nicht zu unterschätzende Rolle.

Ethik betrifft den einzelnen, der wählen und entscheiden muss, wer er sein will, und zielt auf Glück, Selbsterhaltung und Selbstverwirklichung. Moral dagegen gibt die Regeln für die Interaktionen zwischen den Menschen vor. Der moralische Bereich ist untrennbar verknüpft mit diesen Interaktionen, die unsere Lebenswelt ausmachen.

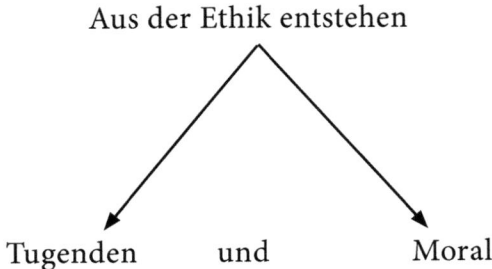

Aus der Ethik entstehen

Tugenden   und   Moral

Glück ist kein Maßstab, sondern ein beschreibender Begriff der Ethik. Der Mensch soll nicht nach Glück streben, weil er doch schon von Natur immer danach strebt. Vielmehr soll er danach streben, immer und überall nach besten Kräften gut zu handeln. Darin besteht letztlich unter dem moralischen Gesichtspunkt sein Glück. Spinoza sagt: „Die Glückseligkeit ist nicht der Lohn der Tugend, sondern die Tugend selbst." Die Vielfalt der Glücksvorstellungen lässt sich mit Kant als ein Zustand charakterisieren, in dem „alles nach Wunsch und Willen geht".

Ethische Fragen werden oft mit der Frage nach dem individuellen Glück gleichgesetzt. Was kann unter Glück verstanden werden? Dazu zwei Hauptbegriffe: im Französischen gibt es „la bonne chance" und „le bonheur" und im Englischen „luck" und „happiness". Im Deutschen müssen wir von Glückszufall und Glückserfahrung sprechen. Glückszufall hat jemand, wenn er beim Überqueren der Straße knapp einem Unfall entgangen ist. Glück gehabt, wie man sagt. Glückserfahrung bedeutet, dass wir von einem geglückten Leben sprechen, von dem einfachen Glücklichsein, Zufriedensein.

Noch ungefähr bis zur Mitte des 20. Jahrhunderts war die Familie für die Identitätsbildung von Bedeutung. Wir denken an Thomas Manns großen Roman Anfang des 20. Jahrhunderts: Man war ein Buddenbrook und wusste, was das bedeutete und wie man sich zu verhalten hatte. Heute weiß man in den verschiedenen Gruppen, in denen man zusammenkommt, nicht einmal den Nachnamen. Man nennt sich beim Vornamen. Und wenn zwei gleiche Vornamen in der Gruppe sind, wird zur Unterscheidung der Familienname nur abgekürzt, z. B. Torsten S. oder Julia K. Identitätsbildung wurde in früherer Zeit durch die Zugehörigkeit zur Familie und zum Gemeinwesen erleichtert. Junge Menschen hatten es nicht so schwer wie in der heutigen Zeit, wo ihnen im Bereich der Sexualität, des eigenen Wohnens, der Berufswahl, des Zugangs zum Konsum und der Freizeitgestaltung eine größere Entscheidungskompetenz zugemutet wird. Selbst in den fünfziger Jahren wussten wir, wie weit wir beispielsweise in der Sexualität in einem bestimmten Alter gehen durften. Wich man von diesen Regeln ab, war man etwas Besonderes, wurde bestaunt oder verachtet. Heute hingegen ist alles ohne Befürchtung von Exklusivität möglich. Man muss seine Orientierung selbst finden. Mit wachsender Individualisierung von Gruppen geht aber auch die eigene Individualität verloren.

Das unverwechselbare Selbst eines jeden einzelnen Individuums in der heutigen Gesellschaft kann man an seinen Handlungen und seinen moralischen Bewertungen erkennen. Das, was einer sagt, ist in einem solchen Fall mit seinem Handeln identisch. Aber: Der Mensch wird daran gemessen, was er tut, und nicht nur daran, was er sagt. Daraus resultiert seine Glaubwürdigkeit. Die moralischen Handlungsregeln sind diejenigen, die in einer Gemeinschaft gelten. Ein Individuum erfindet also die moralischen Regeln nicht neu. Sie entstehen im sozialen Zusammenhang.

Jeder hat heutzutage unendlich viele Möglichkeiten bei Entscheidungen. Niemand weiß vom anderen, welche Möglichkeit er jetzt aus dieser Vielzahl wählt und wie er sie umsetzt. Wenn man in einer Notsituation Hilfe braucht, darf man sie von seinen Mitmenschen erwarten, ebenso wie andere das in umgekehrter Weise von mir erwarten dürfen. Wenn ich jemanden grüße, darf ich erwarten, dass ich zurückgegrüßt werde.

Das moralisch Gute umfasst die Tugenden, die ein Mensch hat. Etwas anderes ist das moralisch Richtige, das sich in den moralischen Urteilen und Handlungen eines Menschen zeigt. In der Bibel konnte früher der einfache Bauer wie der König für allgemeine moralische Entscheidungen Anweisungen finden. Es gab dadurch ein Identitätsgefühl mit der Gemeinschaft. Heute ist das ganz anders. Um heute Moral für alle Menschen verbindlich werden zu lassen, muss sie begründet werden, und diese Begründung muss für alle verständlich sein. Moral ist nicht mehr so selbstverständlich gegeben wie früher. Man muss zeigen können, warum sich die Menschen auf diese Moral berufen, sie als richtig ansehen und sie so befolgen, wie früher die 10 Gebote. Moral wird so mit ihrer funktionalen Notwendigkeit begründet, um eine einheitliche, verbindende Basis zu schaffen, damit Gesellschaft überhaupt möglich ist.

Vom moralischen und ethischen Bereich wird der rechtliche unterschieden. Für Sokrates waren individuelle Tugend und gemeinschaftliches Recht noch nicht voneinander getrennt, und ein Verstoß gegen das Recht galt ihm als unanständig im moralischen Sinne. Heute gilt, dass moralische Regeln verinnerlicht werden und von innen zum Handeln anleiten. Die Einhaltung rechtlicher Regeln hingegen wird durch staatliche Gewalt, also von außen durchgesetzt.

Moral ist ohne Recht nicht denkbar, denn sie ist auf das Recht angewiesen. Das Recht wiederum ist auf die Moral angewiesen, weil das Recht aus sich selbst nicht existieren kann. Nur Radikale würden eine strenge Trennung von Recht und Moral befürworten. Zu der Beachtung meiner eigenen moralischen Regeln gehört auch die Anerkennung und das Ernstnehmen anderer Gesprächspartner mit ihren eigenen Moralregeln.

„Alle Moral", sagt *Niklas Luhmann*, ein deutscher Philosoph der Neuzeit, „bezieht sich letztlich auf die Frage, ob und unter welchen Bedingungen Menschen einander achten bzw. missachten. Mit Achtung ist eine grundsätzliche Anerkennung und Wertschätzung gemeint, mit der anerkannt wird, dass ein anderer den Erwartungen entspricht, die man für eine Fortsetzung der sozialen Beziehungen voraussetzt. Achtung wird personenbezogen zugeteilt, jeder kann sie für sich gewinnen und verlieren. Auf jedem Fall ist die Person als Ganzes gemeint, im Unterschied zur Schätzung einzelner Verdienste oder Fähigkeiten, fachlichen, sportlichen, amourösen Könnens usw. Als Moral eines sozialen

Systems soll die Gesamtheit der Bedingungen bezeichnet werden, nach denen in diesem System über Achtung und Missachtung entschieden wird."

Die angewendeten oder angewandten Begriffe, auch Eigenschaften der Moral, in einem Volk spiegeln auch eine Volkskultur wider. Dies lässt sich in unterschiedlicher Weise bei der Entwicklung vieler Kulturen in der Welt beobachten. Zum Beispiel sehen die Franzosen oder Briten den Begriff Pünktlichkeit anders als die Deutschen.

Die gesellschaftlichen Funktionen von Moral in der Gegenwart haben sich im Laufe der Zeit verändert. Seit die Religion ihre gesellschaftliche und menschlich verbindende Kraft verloren hat, reicht es nicht mehr aus, die Bedeutung einer Norm einzusehen, um nach ihr zu handeln. Tatsächlich ist erst die Überzeugung von der Richtigkeit einer Norm ein guter Grund, sie zu beachten und entsprechend zu handeln. Die Moral prägt das Selbst: das, was man ist, und wird bestimmt durch moralische Regeln, die eigene geworden sind. Eine Gesellschaft funktioniert deshalb, weil moralische Werte als selbstverständlich gelten und verinnerlicht worden sind.

Ist Selbstverständliches selbstverständlich?

Man kann heute ein guter Handwerker sein, ohne ein moralisch guter Mensch zu sein. Augustinus erkannte eine wahre Aussage noch daran, ob der Mensch, der sie machte, ein moralisch anständiger Mensch war, denn Erkenntnis und Wille hatten für ihn durch Gott ihre einheitliche Grundlage.

Sympathie oder Antipathie kann durch die unterschiedliche Gewichtung meiner Tugenden ausgelöst werden: Entspricht er/sie meinen moralischen Werten? Welche Konflikte entstehen dadurch? Die Schwierigkeit ist das Erkennen der Moral des/der anderen, und sich auch der eigenen bewusst zu werden. Besonders auf das Handeln von heute, das von nur noch wenigen Werten bestimmt wird. Es kann dabei gelegentlich zu Behinderungen im Miteinander durch Fehlen von Werten, vor allem in der Kommunikation, kommen. Das lässt sich speziell in der Ich- und Spaßgesellschaft beobachten, die auf Kosten anderer lebt. Bei der Verletzung moralischer Regeln hat man, anders als beim Verstoß gegen rechtliche Regeln, keine Folgen der Justiz zu erwarten. Es muss mit Verachtung, Tadel, Ausgrenzung, aber auch mit eigenen inneren Sanktionen wie Gewissensbissen gerechnet werden.

Oft beurteilen wir etwas als gut oder böse, weil wir auf irgendetwas reagieren. Beschreiben lässt sich das viel eher mit „moralischem Gefühl" aus dieser nie enden wollenden Unterschiedlichkeit der Moralauffassungen. Daher gibt es auch keine rationale Methode zum Überprüfen ethischer Prinzipien. Der Relativismus behauptet aufgrund der Verschiedenheit von Normen und Werten, dass in der Moral alles nur bedingt wahr sei. Man solle keine fest verbindlichen ethischen Aussagen über die Gültigkeit von moralischen Normen machen. Das ist so alt wie die Moralphilosophie selbst. Zum Beispiel kann für mich der Begriff der Gerechtigkeit sehr umfassend sein, während er für einen anderen Menschen nur auf seinen Beruf ausgerichtet ist. Was für mich gültig ist und wonach und wofür ich lebe, kann für jemand anderen ohne Bedeutung sein. Die Diskussion entzündet sich meistens an Beispielen der Alltagsmoral, die von Lebenserfahrungen und Charaktereigenschaften geprägt sind.

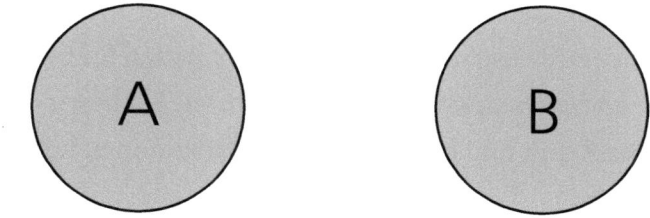

Was für A wichtig ist, kann für B überhaupt nicht wichtig sein.

Die Anerkennung der Moral des anderen Menschen ist die zentrale Funktion in der gesamten Moral. Wir haben von vielen Menschen Erwartungen von bestimmten Verhalten, die unseren Tugenden entsprechen, weil wir es genau so tun. Wir wissen aber überhaupt nicht, dass diese Menschen diese Tugenden gar nicht leben können, oder nie gelernt haben, sie zu leben. Das wiederum bringt uns oft in die Rolle des Beurteilens oder Verurteilens. Wobei letzteres oft zu Trübungen bis hin zum Abbruch von zwischenmenschlichen Beziehungen führen kann.

Dazu ein Beispiel: Bei einem mehrtägigen Besuch von Freunden im Ausland verabschiedet man sich gegen 22 Uhr und legt sich nach einem ausgefüllten Tag zum Schlafen hin. Im Untergeschoss, wo sich die Wohnräume befinden, läuft der Fernseher auch nach 23.30 Uhr so laut, dass an Schlafen nicht zu denken ist. Höflich wird reklamiert. Der Ton wird leiser gestellt. Am nächsten Abend das Gleiche. Die Reklamationen sind diesmal nicht mehr so höflich. Der Fernseher wird ausgeschaltet. Der dritte Abend findet ohne Fernsehen statt. Es wird gemeinsam diskutiert. Alle spielen dann zusammen Karten, tun etwas für die gemeinsame Kommunikation und gehen entspannt ins Bett. Was war hier geschehen? Die Tugenden Rücksicht und Pünktlichkeit hatten für beide Seiten eine ganz andere Bedeutung. Es zeigt sich, wie leicht wir von einer Tugend zur Kritik und damit zum Konflikt kommen können.

Jean Jacques Rousseau

Die Freiheit des Menschen liegt nicht darin,
dass er tun kann, was er will,
sondern darin, dass er nicht tun muss,
was er nicht tun will.

Nach dieser verhältnismäßig kurzen Abhandlung über Ethik, Tugenden und Moral, komme ich auf die vier Kardinaltugenden von Platon und Aristoteles: Gerechtigkeit, Weisheit, Besonnenheit und Tapferkeit zu sprechen. Allein durch Einhalten und Anwenden dieser grundsätzlichen Tugenden in unserer Gesellschaft, aber auch im Zusammenleben mit anderen Völkern, für die diese Tugenden eine ähnliche Bedeutung haben, könnten wir uns das Leben im Miteinander leichter machen. Aristoteles unterscheidet dabei zwischen den Tugenden des Verstandes und des Charakters. Nach seiner Auffassung entstehen die Verstandestugenden durch Belehrung, die Charaktertugenden durch Erziehung und Gewöhnung. Zu den Verstandestugenden rechnet er die Kunstfertigkeit, das Wissen, die Weisheit, die Klugheit und den Geist. Zu den Charaktertugenden zählen neben Tapferkeit, Besonnenheit und Gerechtigkeit auch Freigebigkeit, Großartigkeit, ein gesunder Ehrgeiz, Sanftmut, Wahrhaftigkeit, Liebenswürdigkeit, Gewandtheit, Korrektheit und Freundschaft.

Rechte und Pflichten sind unabdingbar mit Ethik und Moral verbunden. Fordere ich von meinem Mitarbeiter Sauberkeit am Arbeitsplatz, bin ich unbedingt verpflichtet, vor allen Dingen schon in der Rolle als Vorbild, diese Tugend vorzuleben. Menschliche Gewohnheiten und überlieferte Traditionen spielen hier entscheidend mit herein. Wobei die Flexibilität des Denkens und Überdenkens meiner eigenen, vielleicht festgefahrenen Vorstellungen von Moral hilfreich sein kann. Bleiben wir bei den vier Kardinaltugenden. Als Zentraltugend aller Tugenden hat die *Gerechtigkeit* die höchste Bedeutung. Sie hat eine entscheidende Einwirkung auf die meisten anderen Tugenden. Zur Gerechtigkeit zählen: Gerechtigkeitssinn, Kritikfähigkeit, die Goldene Regel, Solidarität, Loyalität, Wahrheit/Ehrlichkeit, Fairness, Neutralität, Verantwortung.

David Hume

Gerechtigkeit bedeutet Anerkennung,
die jeder Mensch als Achtung verdient.

Allerdings lässt sich nicht sagen, was die absolute Gerechtigkeit ist. Davon hat die Menschheit schon immer geträumt. Wir müssen uns einfach mit einer relativen Gerechtigkeit begnügen. Es ist die Gerechtigkeit, unter deren Schutz Wahrheit und Aufrichtigkeit wachsen. Es ist die Gerechtigkeit der Freiheit, des Friedens, der Demokratie und die Gerechtigkeit der Toleranz.

Die *Weisheit*, Klugheit, lässt sich so beschreiben: Durch meine Erfahrung komme ich zu meiner Reife und mit der Erkenntnis zu Wissen. Überlegungen anzustellen, bevor ich schnelle Entscheidungen treffe, hat sich immer ausgezahlt. Das wiederum bringt mich zu der Einsicht, die richtige Entscheidung getroffen zu haben. Dazu Seneca: „Der Einsichtige beherrscht sich selbst. Wer sich selbst beherrscht, bleibt charakterfest. Wer charakterfest ist, lässt sich nicht so leicht aus der Ruhe bringen. Wer sich nicht so leicht aus der Ruhe bringen lässt, kennt keine Traurigkeit. Wer keine Traurigkeit kennt, ist glücklich. Also ist der Einsichtige glücklich, und kluge Einsicht reicht zum glücklichen Leben".

Aus der *Besonnenheit* kommen diese Begriffe: Gelassenheit, innere Stabilität und Unanfechtbarkeit der Person, Vernunft, Selbstbeherrschung, Maßhalten, Toleranz, Geduld, Umsicht, Einfühlen (Empathie), gesundes Selbstbewusstsein.

Zur *Tapferkeit* zählen Mut, Zivilcourage, Willensenergie, Unbe-
irrbarkeit.

Seneca

Nicht weil es schwer ist, wagen wir es nicht,
sondern weil wir es nicht wagen, ist es schwer.

Wir müssen in unserer heutigen, schnelllebigen Zeit, wo wir Ge-
triebene unseres Selbst sind, die vier klassischen Kardinaltugenden immer wieder mit in die Alltagspraxis nehmen und anfangen,
uns auf das zu besinnen, womit schon andere Menschen vor 3.500
Jahren miteinander auskamen. Dann erleben wir unser Leben immer wieder neu.

Ohne die Tugenden *Liebe, Glaube und Hoffnung*, die bei uns
starke Gefühle je nach Situation auslösen, sind allerdings die vier
Kardinaltugenden nicht zu denken. Allein zum Thema Liebe sind
Hunderte von Büchern geschrieben worden. Im Neuen Testament
findet sich im 13. Kapitel des 1. Korinther Briefes, 13 dieses Zi-
tat: „Nun aber bleibt Glaube, Hoffnung, Liebe, diese drei; aber die
Liebe ist die größte unter ihnen". Zu diesen drei wichtigen Tugenden aus der Religion einige Bemerkungen:

Liebe gilt vielen Menschen als ein außerordentliches Kleinod und
ist gleichzeitig das anspruchsvollste Gefühl des Lebens. Zusam-
mengefasst ausgedrückt ist Liebe ein Bindungsgefühl und stützt
sich auf das Für-einander-da-Sein, das Zärtlichkeit, Güte, Wohlwollen einschließt. Der geliebte Andere wird zum unentbehrli-

chen Teil des Selbst. Was dem Einen passiert, betrifft den anderen ähnlich oder noch stärker. Die Grundlage der Liebe ist das wechselseitige Vertrauen, die gegenseitiges Verstehen und Selbstlosigkeit mit einbezieht. Die Stabilität einer Liebesbeziehung beruht auf der Wandlungsfähigkeit der Bindungsgefühle. Da die anfängliche Verliebtheit begrenzt ist, bestimmen anschließend gemeinsame Interessen und Ziele sowie geistige Übereinstimmungen den weiteren Weg. Liebe ist aus diesem Grunde eine Aufgabe für beide Seiten.

Es ist schon etwas länger her, dass ich den Begriff Liebe für die Führung von Mitarbeitern entdeckte. Als ich zum ersten Mal mit Führungskräften darüber diskutierte, kam spontan die Reaktion auf Sex. Das allerdings hat in diesem Fall damit gar nichts zu tun. Und im weiteren Verlauf der Diskussionen merkten die Teilnehmer recht bald, dass es sehr angenehm ist, über das Thema Liebe in der Führung zu sprechen. Denn Liebe in der Mitarbeiterführung meint selber etwas gern tun, jemanden gern haben, für jemanden etwas gern tun. Das Wesentliche dieser Erkenntnisse: Wer seine Mitarbeiter nicht liebt, kann diese nicht führen. Wer seine Arbeit nicht liebt, wird keinen Erfolg haben. Wer sich selber nicht liebt, wird seine Arbeit nicht lieben können. Wer seine Kunden nicht liebt, wird von der Konkurrenz verdrängt werden. Einfache Sätze, in denen so unendlich viel steckt.

Die Liebesfähigkeit wird damit zu einem zentralen Kriterium für

Führungskräfte. Je mehr Führungskräfte das erkennen, desto erfolgreicher werden sie gegenüber allen anderen sein.

In den Fragmenten von Demokrit fand ich den berühmten Satz: „Wer niemanden lieb hat, der wird auch von niemandem geliebt." Nicolai Hartmann schreibt in seiner Ethik 1948 zum Thema Liebe: „Liebe ist die Tugend der Persönlichkeit in Bezug auf die Persönlichkeit, gehört selber zum Persönlichkeitswert des Liebenden und ist auf den Persönlichkeitswert des Geliebten gerichtet. Dies bedeutet Hingabe an ihn. Denn alles, was an sich wertvoll ist, erfüllt seinen Sinn darin, dass es auch für jemand wertvoll ist".

Es gibt kein menschliches Problem,
das nicht durch eine genügend große Portion Liebe
gelöst werden könnte.
Und es gibt keine andere Kraft, die stärker ist.

Aus der Liebe heraus wächst auch der *Glaube*. Ich glaube an einen Menschen. Muss ich deswegen alles glauben? Eine Frage, die zum Anschauen von Glauben führt. Für die Ethik ist Glaube sinnverwandt mit Vertrauensfähigkeit, weil der Glaube die Grundlage des Vertrauens, der festen Zuversicht und der inneren Sicherheit ist. Kant hat in seiner Kritik der reinen Vernunft geschrieben: „Ich musste das Wissen aufheben, um zum Glauben Platz zu bekommen". Augustinus fragt, was zuerst gedacht wurde, das Wissen oder der Glaube, und antwortet: „An sich gehe der

Glaube voran, weil er unser Herz vorbereiten müsse, einst das zu erkennen, was wir jetzt noch nicht begreifen. Soweit allerdings die menschliche Vernunft einsieht, dass dem so gut sei, gehe doch das Denken dem Glauben ein klein wenig voran; und schließlich auch insofern noch, als wir nicht glauben könnten, wenn wir nicht einen denkenden Geist hätten." Und weiter: „Glaube, um zu erkennen, erkenne, um zu glauben". Denn im Glauben kann der Mensch seine Erkenntnismöglichkeit gedanklich ausbreiten. Im religiösem Sinne gewinnt der Glaube die ausführlichste Bedeutung: Die Gerechtigkeit vor Gott entwickelt sich allein im und aus dem Glauben heraus.

Ruth Cohn, Begründerin der Themenzentrierten Interaktion (TZI) prägte zum Begriff Wahrheit, Ehrlichkeit, Glauben können, diesen Kernsatz: „Du musst nicht alles sagen was Du denkst. Aber was Du sagst muss wahr sein". In diesen Zusammenhang fällt auch der Gedanke Versprechen. Nicht eingehaltene Versprechen rütteln stark an der Glaubwürdigkeit. Friedrich Rückert, ein bekannter deutscher Dichter, formulierte dazu diesen Satz: „Gebrochenes Versprechen ist gesprochenes Verbrechen". Allein diese scharfe Formulierung deutet eindringlich darauf hin, dass es wenig Sinn macht, andere wiederholt mit Schwindeleien zu versorgen. Sehr oft wird darauf mit steigender Distanzierung zu der jeweiligen Person reagiert.

Glaube bringt mir *Hoffnung* und bedeutet Vertrauen auf die Zukunft. Hoffnung ist das mitschwingende Gefühl der Erwartung, das sich zu der Gewissheit steigern kann, dass etwas Gewünschtes eintreffen wird. Als Grundhaltung eines Menschen, dessen Blick weniger auf das tatsächlich Gegebene und vielmehr auf die Zukunft gerichtet ist, bedeutet Hoffnung ein uneingeschränktes Zulassen der Möglichkeit und Wirklichkeit des Ersehnten. Sie stützt sich meist auf einen Glauben der nicht fragt, ob sich etwas dem tatsachengerechten Denken und Handeln in den Weg stellt. Hoffnung ist Grundprinzip aller Utopien. Sobald sich Hoffnung auf das Absolute bezieht, wird sie zum tragenden Grund der Erfüllung des religiösen Glaubens.

Dazu denkt Aristoteles: „Die Gegenwart ist Gegenstand der Wahrnehmung, die Zukunft Sache der Hoffnung". Da der Mensch schon immer zukunftsbezogen lebt, ist Hoffnung Zuversicht, Selbstvertrauen, Zutrauen zur Zielsetzung, optimistische Spannung und Zukunftssehnsucht. Sie kann aber auf der anderen Seite auch trügerische Irrwege gehen. An die Stelle von realistischen Erwartungen können Überinterpretationen unrealistischer Schlaraffenländer gedacht werden. Nur: In schwer erträglichen Situationen, wie zum Beispiel als Gefangener, braucht der Mensch Hoffnung und muss lernen, mit seinen Hoffnungsgefühlen umzugehen".

Nach diesen wieder bewusst kurz gefassten Gedanken zu den wichtigsten Themen habe ich die Hoffnung, dass die Tugenden Hilfsbereitschaft, Rücksicht, Ehrlichkeit, Respekt und Toleranz stärker als bisher vorgelebt und gelebt werden. Die wichtigste Schule dazu ist nach wie vor das Elternhaus, das über 70 % in unterschiedlicher Weise dazu beiträgt, diese Eigenschaften weiter zu geben und zu fördern. Aber auch Kindergarten und Schule haben eine nicht zu unterschätzende Aufgabe für unsere Kinder, sie auf das Leben vorzubereiten.

In der Filderklinik in Stuttgart fand ich einen Wandspruch, der zum Überlegen anleiten soll. Das Wort Kind ist austauschbar und könnte auch Mitarbeiter heißen.

Zum Nachdenken

Wächst ein Kind mit Kritik auf,
lernt es zu verurteilen.

Wächst ein Kind mit Hass auf,
lernt es, scheu zu sein.

Wächst ein Kind mit Schmach auf,
lernt es, sich schuldig zu fühlen.

Wächst ein Kind mit Toleranz auf,
lernt es geduldig zu sein.
Wächst ein Kind mit Ermutigung auf,
lernt es, selbstsicher zu sein.

Wächst ein Kind mit Lob auf,
lernt es, dankbar zu sein.

Wächst ein Kind mit Aufrichtigkeit auf,
lernt es, gerecht zu sein.

Wächst ein Kind mit Sicherheit auf,
lernt es, zuversichtlich zu sein.

Wächst ein Kind mit Anerkennung auf,
lernt es, sich selber zu schätzen.

Wächst ein Kind mit Güte und Freundlichkeit auf,
lernt es, die Welt zu lieben.

Der Wandspruch aus der Filderklinik zeigt in beeindruckender Weise wie mit einfachen Worten der Umgang miteinander gestaltet werden kann. Er beschreibt auf seine Art den Begriff der Menschenwürde. Dabei stellt sich die Frage, wo eigentlich fängt die Würde eines Menschen an? Und wo endet sie? Was ist überhaupt Menschenwürde?

Die Würde des Menschen ist unantastbar. So lauten die ersten Worte unseres Grundgesetzes in Artikel 1 der Grundrechte. Sie zu achten und zu schützen ist Verpflichtung aller staatlichen Gewalt. Der erste Satz ist zu kurz und missverständlich. Er ist ein Wunsch, der eine Tatsache vortäuscht. Denn die Menschenwürde wird oft angetastet. Etwa wenn Kinder sehr früh zur Anpassung erzogen werden und damit in eine bestimmte Richtung gedrängt werden. Im Sinne der Klarheit sollte der Satz „Die Würde des Menschen ist unantastbar" sollte umgeschrieben werden: Die Würde des Menschen ist verletzlich. Sie zu achten, zu wahren und zu schützen ist Verpflichtung.

Der Begriff Würde gehörte in der Antike zunächst der sozialen und politischen Sphäre an und bezieht sich auf den herausragenden sozialen Rang, den ein bestimmtes Individuum, zum Beispiel als griechischer König oder römischer Senator inne hatte. Die Vorstellung, dass jedem Menschen auch unabhängig von seiner sozialen Stellung eine gewisse Achtung zusteht, wurde erstmals von der Stoa entwickelt und von Cicero bekräftigt. Diese universalistische Verwendung des Würdebegriffs fand ein Echo in der christlichen Lehre vom Menschen. Die Stoa, eine griechische Philosophenschule, wurde 300 v. Chr. in Athen gegründet. Hier lehrten unter anderem Seneca und Marc Aurel.

Es wurde angenommen, dass der Begriff Menschenwürde mit dem Grundgesetz unseres neuen Staates Bundesrepublik in Deutschland neu entdeckt wurde. Aber schon Marcus Tullius *Cicero*, 106 – 43 v. Chr., hatte sich in drei seiner 35 Werke mit dem rechten Handeln beschäftigt. „Überhaupt sollen jene, die den Staat leiten, zwei Vorschriften Platos befolgen: Den einen, dass sie den Nutzen der Bürger schützen sollen, dass sie in allen Handlungen sich auf ihn beziehen und ihre eigenen Vorteile vergessen sollen, und den anderen, dass sie für den gesamten Körper des Staates sorgen sollen, damit sie nicht, wenn sie nur einen Teil schützen, die übrigen in Stich lassen. Nichts ist lobenswerter, nichts eines großen und berühmten Mannes würdiger als Versöhnlichkeit und Milde. Am besten wird die Gemeinschaft und die Freundschaft der Menschen bewahrt bleiben, wenn einem jeden, je näher er stehen wird, umso mehr an Wohlwollen entgegen gebracht werden wird. Es scheint, dass man weiter ausholen muss, was die natürlichen Prinzipien der Gemeinschaft und der menschlichen Gesellschaft sind. Es ist nämlich zunächst das, was in der Gemeinschaft der gesamten Geschlechter der Menschen wahrgenommen wird. Deren Band aber ist Vernunft und Rede, welche durch Lernen, durch Mitteilen, durch Verhandeln, durch Urteilen die Menschen füreinander gewinnt und sie in einer gewissen natürlichen Gemeinschaft verbindet".

Pico della *Mirandola* (1463-1494) sieht in seiner berühmten Rede „Über die Würde des Menschen" die Fähigkeit und das Recht zur aktiven Gestaltung des Lebens. Nach Kant gilt: Autonomie ist der Grund der Würde der menschlichen und jeder vernünftigen Natur. Im Verlauf des 19. Jahrhunderts wurde die Forderung nach einem „menschenwürdigen" Leben für alle Bürger, das heißt die Respektierung ihrer Rechte und die Gewährleistung eines Minimums an materiellen Ressourcen, von der Arbeiterbewegung erhoben. Im 20. Jahrhundert fand der Begriff Eingang in die Verfassungen mehrerer Staaten. In Portugal 1933, Irland 1937, danach in Kanada, Italien, Schweden, Spanien, Griechenland, sowie in zahlreiche internationale Dokumente, darunter in die Charta der Vereinten Nationen 1945 und in die allgemeine Erklärung der Menschenrechte 1948.

Heinrich Pestalozzi

Aber der Mensch soll auch
in den größten Tiefen seines äußerlichen Daseins
die innere Würde seiner Natur nicht verlieren.
Er ist durch diese Würde allein Mensch.
Sie, diese Würde, ist das einzige Ziel
der Menschenbildung
und zugleich das erste Mittel für sie.

Beginne
mit einer Änderung
erst bei dir selbst

Literatur

Adler, A., Menschkenntnis

Allen J., Wie wir denken, so leben wir

Aquin Th. v., Über sittliches Handeln

Aristoteles De Anima, über die Seele

Aristoteles Metaphysik 1 + 2,

Aristoteles Physik 1 + 2,

Aristoteles, Die nikomachische Ethik,

Augustinus, Bekenntnisse

Aurel Marc, Selbstbetrachtungen

Baggini J., Ich denke, also will ich

Bauer, J. Prinzip Menschlichkeit

Bauer, J. Warum ich fühle, was Du fühlst

Beck, U., Risikogesellschaft

Birnbacher D./Hoerster N., Texte zur Ethik

Cohn R., Von der Psychoanalyse zur Themenzentrierten Interaktion

Dalai Lama, Das Buch der Menschlichkeit

Die Regeln des heiligen Benedikt

Domasio A., Ich fühle, also bin ich

Edward Moore G. E., Principia Ethica

Freitag E. F., Kraftzentrale Unterbewusstsein

Fromm E., Haben und Sein

Fromm E., Die Kunst des Liebens

Gadamer H. G., Der Anfang des Wissens

Gadamer H. G., Wahrheit und Methode

Haemin Sunim, Die schönen Dinge siehst Du nur, wenn Du langsam gehst

Hart-Davis, Das Buch der Zeit

Hartmann N., Ethik

Hawking, St., Eine kurze Geschichte der Zeit

Heidegger M., Sein und Zeit

Höffe O., Lesebuch zur Ethik

Hörster D., Postchristliche Moral

Hume D., Eine Untersuchung über die Prinzipien der Moral

Jonas H., Das Prinzip Verantwortung

Kant I., Grundlegung zur Metaphysik der Sitten,

Kant I., Kritik der reinen Vernunft

Kant I., Kritik des praktischen Vernunft

Korte M., Wir sind Gedächtnis

Kreitmeier Ch. Glaube an die Kraft der Gedanken

Locke J., Versuch über den menschlichen Verstand

Lull R., Das Buch von den drei Weisen

Murphy, J., Die Macht des Unterbewusstseins

Patzik G., Ethik ohne Metaphysik

Pieper A., Einführung in die Ethik

Pieper A./Thurnherr U., Angewandte Ethik

Platon Sämtliche Dialoge

Plotin, Enneaden 1 -10, Bestimmungen über Ewigkeit und Zeit

Schächter D., The seven sins of memory

Schopenhauer A., Über die Grundlagen der Moral

Seneca, Von der Kürze des Lebens

Vester F., Denken, lernen und vergessen

Vossenkuhl, W., Die Möglichkeit des Guten

Walter R., Gelassen werden

Windscheid, L., Besser fühlen